דוב זינגר

היום

לחיות את הנצח בהווה

כתיבה ועריכה: רעות ברוש

מגיד

Rabbi Dov Singer
Today: Living Eternity in the Now

הרב דוב זינגר
היום: לחיות את הנצח בהווה

עורך אחראי: ראובן ציגלר
עורכת ראשית: אוריה מבורך
עורכת משנה: אפרת גרוס
הגהה: אביחי גמדני
עימוד: תמי מגר
עיצוב העטיפה: שמואל לעסרי
עיצוב גריד עימוד: אליהו משגב

ספרי מגיד, הוצאת קורן
ת״ד 4044 ירושלים 9104001
טל׳: 02-6330530 · פקס: 02-6330534
office@korenpub.com
www.korenpub.co.il

מסת״ב ISBN 978-965-526-406-7

נדפס בישראל תשפ״ה Printed in Israel 2025

בִּלַּע הַמָּוֶת לָנֶצַח וּמָחָה ה׳ אֱלוֹקִים דִּמְעָה מֵעַל כָּל פָּנִים
(ישעיה כה, ח)

לזכר בוגרינו היקרים
שנפלו במערכה על קדושת החיים והארץ
במלחמת חרבות ברזל

באמונה, באומץ וברוח איתנה -
יצאו להגן על עמנו ונפלו על משמרתם.
יהי זכרם ברוך

ישיבת מקור חיים

לכבוד ראש הישיבה

הרב דוב זינגר שליט״א

על הפצת אהבת ישראל
לדור הכמֵה לאמת ולאהבה
ובהכרת תודה עמוקה על קרבתו לבננו
רס״ן משה ידידיה לייטר הי״ד.

יחיאל וחני לייטר

הָרֹפֵא לִשְׁבוּרֵי לֵב וּמְחַבֵּשׁ לְעַצְּבוֹתָם
(תהילים קמז, ג)

לרפואת הנפש והגוף של כל חולי עם ישראל,
ובכללם חיילי צה"ל.

לעילוי נשמת חללי מערכות ישראל,
שחירפו נפשם למען המולדת במלחמת התקומה.

משפחת מרגליות

לעילוי נשמת אבינו סבינו

הרב נפתלי יצחק הולנדר זצ"ל

שהיה מדבר עמנו בשפת הנצח
ודרכה הורה לנו להביא ברכה לעולם

תוכן העניינים

שער ראשון: אני

שער שני: אתה

שער שלישי: אנחנו

שער רביעי: אל האחד

הקדמה

וְאַתֶּם הַדְּבֵקִים בַּה' אֱלֹהֵיכֶם חַיִּים כֻּלְּכֶם הַיּוֹם (דברים ד ד).

כאשר נברא האדם, נפח בו ה' נשמת חיים, והניחו בגן עדן, בדרך עץ החיים. מאז ועד היום נראה שהמפגש הראשוני והפשוט ביותר שלנו עם האלוהי הוא בגילויי החיים. הפלא הנקרא חיים נשאר ויישאר פלא עלום, ולעיתים מרוב פשטותו איננו שמים לב לחיים המפכים בתוכנו, לחיים שאנו מונחים בהם.

הזדמנויות שונות ניתנות לאדם לפגוש את החיים עצמם, אך נדרשת חוכמת חיים כדי 'ללכוד' את הרגעים הללו שבהם החיים עולים על גדותיהם, או לעיתים, לצער הלב, נחלשים ואף נעלמים. ברגעים אלו הלב מתמלא ומשתוקק לפגוש את מקורו, את מקור החיים. וכשחש הוא את פעימות החיות, הוא יודע, בתכלית הידיעה, במפגש בלתי אמצעי, ש"אתם הדבקים בה' אלוהיכם חיים כולכם היום".

ספר זה מציע דרך מעשית להעמקת החיים הרוחניים שלנו ולטיפוח הקשר החי עם הקב"ה. הוא נועד לכל מי שמבקש להעשיר את חייו, לפתח את יכולת הנוכחות וההקשבה הפנימית, ולמצוא דרכים מעשיות לחיי דבקות בימינו.

הספר נכתב מתוך אמונה בכך שהיכולת הרוחנית שלנו, בדומה לכישורים האינטלקטואליים והפיזיים, ניתנת לשכלול ולפיתוח. ישנם מעין שרירים פנימיים שאותם אפשר לאמן ולחזק - להכיר את הרגשות הדתיים הפועמים בנו ואת עולמנו הפנימי היכרות קרובה יותר, וללמוד לחיות באופן מלא, נוכח ועשיר יותר.

באהבת ה׳ וחמלתו עלינו בחר הוא בנו ונתן לנו את תורתו תורת חיים ולימד את אבותינו ואותנו חוקי חיים. כדרכם של חכמי דור ודור אנו מנסים לתרגם חוקי חיים אלו לשפת ימינו, להתבונן בהם ולהפכם לעצות, כעץ שתול על פלגי מים שיוכל כל הרוצה לפתוח את ליבו, להאריך את ימיו ולהגביר את רמת החיים שבה הוא מתקיים.

בין דפי הספר נפרשים ארבעה שערים, כל אחד פותח צוהר לממד אחר של דרכי החיים:

שער ׳אני׳ מוקדש לדרכים השונות שבהן יכול האדם לחיות את חייו מתוך עֵרוּת ויישוב הדעת, ולגלות את פניו השונות של ה׳אני׳: געגועיו, כיסופיו והרצון הפועם בו.

שער ׳אתה׳ עוסק ביכולת להיות נוכחים בתוך מערכות היחסים שלנו בעולם - בין חברים, בין מורה לתלמידיו ובין איש לאשתו. להעמיק את הקשרים שאנו מקיימים בחיינו ולשכלל את היכולת שלנו להכיר ולהתקרב.

שער ׳אנחנו׳ פותח שער לעבודת החבורה. יחד עם עיון במקורותיה של החבורה עובדת ה׳ ובדרכים ללמוד ולהתפלל יחד, ולפתוח את הלב איש לרעהו, מַתווה מבנה לעבודת החבורה והצעות מעשיות לבניית המפגשים בה.

שער ׳אל האחד׳ משרטט בעדינות קווים למפגש חי וקרוב עם הקב״ה, מפגש שיש בו חיפוש וגעגוע ובקשה לקרבת אלוהים ואף לדבקות.

על אף החלוקה המרובעת כל אחד מן הפרקים עומד לעצמו ומאידך כולם כלולים ובלולים אלו באלו, סופן נעוץ בתחילתן, בסוד האחד.

מקורות ההשראה, קטעי הלימוד והתרגילים בעקבותיהם מכוונים לשכלול היכולת להגביר את הנוכחות הפנימית ותשומת הלב במעגלי המקום, הזמן והנפש. ללמוד דרכי השקטה, התבוננות והקשבה פנימית מתוך ערנות ופתיחות ללב הדברים ולסודם. לתרגל אמון וקבלת הקיים ובמקביל התעוררות הרצונות והכיסופים.

בכתיבת הספר נעשה ניסיון לתת מקום ל׳אש הלבנה׳ שסביב ה׳אש השחורה׳, לרווחים שבין האותיות והמילים. למצוא דרך ושפה לשוחח על מה שקשה לדבר על אודותיו - בלי להכביר במילים, ׳נוגע לא נוגע׳, לגשש אחר שפה שניתן לדבר בה במושגים רוחניים.

התרגילים המופיעים בסיומו של כל פרק יונקים מהדרכתו של רבי נחמן מברסלב ״להפוך תורות לעצות״, מתוך בקשה למשוך את התורה אל החיים ולהשפיע עליהם. בשער הרביעי, העוסק בנושאים ׳גבוהים׳ ומופשטים יותר משאר השערים, לא נכללו תרגילים מעשיים והוא מיועד להתבוננות פנימית איש איש בדרכו.

בדומה לאחד, הנושא הפכים והוא בבחינת ״הכל יכול וכוללן יחד״, גם בספר ניתן למצוא נשיאת הפכים וחיפוש אחר האיזון בין תנועות הנפש השונות. הוא מבקש להכיל ׳גם וגם׳ על פני ׳או־או׳: לחבר בין תמימות לפיקחות, אמונה וביטחון, הקשבה ודיבור, הרפיה ופעולה בעולם.

הספר מבקש להיות בבחינת ״מעט המחזיק את המרובה״, בתקווה שהמעט שבו יניביע מעיינות מרובים של חיים וברכה בקרב הלומדים בו ועובדים עימו.

מדרש לב/ סיון הר־שפי

> בְּשָׁעָה שֶׁבָּנָיו שֶׁל הקב״ה זוֹכְרִים אֶת אֲחֵיהֶם הַשְּׁרוּיִים בְּצַעַר בֵּין אֻמּוֹת הָעוֹלָם וְעוֹשִׂים כָּל שֶׁבְּיָדָם לִפְדּוֹתָם, נִזְכָּר הָעוֹלָם מָה יָקָר אָדָם שֶׁנִּבְרָא בְּצֶלֶם בּוֹרְאוֹ, שֶׁעוֹלָה נֶפֶשׁ אַחַת כְּעוֹלָם מָלֵא, וּמִתְיַקְּרִים הָאַהֲבָה וְהַחַיִּים, וְעוֹלִים מֵהֶם שְׁנֵי אֵדִים כִּשְׁנֵי חוּטִים דַּקִּים שֶׁל דֶּמַע שֶׁאֵינָם נִרְאִים וְאֵינָם נִשְׁמָעִים, וְזֶהוּ וְאֵד יַעֲלֶה מִן הָאָדָם וְהִשְׁקָה אֶת כָּל פְּנֵי הָאֲדָמָה, שֶׁמֵּהֶם עֲתִידִים לְהִמָּשֵׁךְ וְלָרֶדֶת לָהֶם לְיִשְׂרָאֵל וְלָעוֹלָם כֻּלּוֹ גִּשְׁמֵי בְּרָכָה, גִּשְׁמֵי חַיִּים, גִּשְׁמֵי אַהֲבָה, שֶׁנֶּאֱמַר: כַּמַּיִם הַפָּנִים לַפָּנִים כֵּן לֵב הָאָדָם לָאָדָם (משלי כז יט).

(שיתין, הוצאת שתים 2025)

ספר זה נכתב בשעה שארצנו נתונה במלחמה ממושכת וכואבת. נסיים בתפילה שהספר, המבקש להוסיף חיים בעולם ולקרב את ליבותיהם של ישראל לאלוהים חיים, יביא ברכה ואור לעולמנו ונזכה לגאולה שלמה.

תודות

מודה אני לפניך, מלך חי וקיים, ריבונו של עולם, השי״ת שעשיתני כרצונך, לקחתני בציצית ראשי והנחתני באוהלה של תורה. ספר זה הוא דרך להכיר לך תודה ולהציע נתיבים לרוצים בכך להתקרב אליך ולדבוק בחיים דבר יום ביומו.

זוכר חסדי אבות ומביא גואל לבני בניהם. אבות אבותיי שהצורר הנאצי ימ״ש גדע את חייהם אך לא הצליח לגדוע את רוחם, נשמתם הצרורה

בצרור החיים מלווה ומנחה אותי מדי יום. משפחותם לבית אבותם, משפחות וויס, ברקוביץ, קלאר, יורוביץ, וזינגר - הם וכל יוצאי חלציהם, יהיו הדברים יד ושם לעילוי נשמתם.

הוריי היקרים אמו"ר ר' חיים מיכאל ז"ל שהביאני לחיי העולם הזה והרעיף עליי אהבה רבה, אמון ואמונה, ותבדל"א אמי היקרה אסתר שעד היום משרה עליי מרוחה הטובה ומברכתה.

אחותי היקרה זיוה תחי' המלווה את אמנו היקרה במסירות, לה ולבעלה אלימלך שליט"א ולכל ב"ב תודה, ברכה ותפילה לבריאות שלמה ואיתנה.

רבותיי מו"ר הרב שג"ה, הרב מנחם פרומן והרב עדין אבן ישראל זכרם לברכה הביאוני לחיי העולם הבא, והכירו לי - כל אחד בדרכו הייחודית - את בורא העולם ואת הדרכים הרבות לעובדו.

חבריי היקרים ללימוד התורה - דוד ליברמן, שמעון דויטש, ד"ר אליעזר מלכיאל והרבנים פדיה נגר ויוסי פרומן - ה' הטוב ישמור עליהם לאורך ימים ושנים בבריאות שלמה ואיתנה וכל שאר מילי דמיטב.

ישיבת מקור חיים - שהיא ביתי השני מזה כארבעים שנה, הצוות הרחב על גווניו ותפקידיו השונים, התלמידים והבוגרים לאורך השנים, זכיתי שהתקיים בי - מתלמידיי יותר מכולם.

בני משפחתי היקרים והאהובים, בראשם אשת בריתי איריס, החברותא הטובה ביותר שלי לחיים, לתורה ולתפילה. בניי ובנותיי, כלותיי וחתניי, נכדיי האהובים ואף ניני הקטן הם לי מקור החיים והשמחה, ועל כך אני מודה להם מאוד.

ספר זה לא היה רואה אור לולא רעות ברוש שהפכה בכוח כישרונה והתמדתה, תורה שבעל־פה לתורה שבכתב, וחלקה בספר גדול מאוד, תודה רבה. תודה מיוחדת למשוררת המופלאה סיוון הר שפי על שיריה

המעטרים את הספר. לד"ר מוישי וינשטוק ודובי ליברמן, תודה על העצות, העידוד והסיוע בתחילת מסע הכתיבה. לאלישיב גרונר על ההוצאה מהכוח אל הפועל של כלל הרצונות והשיגעונות בבית המדרש להתחדשות, ובמיוחד על חלקך בהוצאה לאור של ספר זה.

לצוות מגיד הנפלא על הזכות להתארח באכסנייה המדהימה שלכם. בראש ובראשונה תודה ליהושע מילר איש הרוח והאמונה, לאוריה מבורך שהאמינה והובילה ברגישות ובנחישות מהרגע הראשון ועד מכבש הדפוס, לרב ראובן ציגלר על החזון וההגשמה, לאפרת גרוס עורכת המשנה על מקצועיות ומסירות, לשמואל לעסרי על עיצוב יפהפה הקשוב לפעימות הלב של הספר, לאביחי גמדני על ההגהה המוקפדת ולתמי מגר על העימוד הנהדר.

"כימי צאתך מארץ מצרים אראנו נפלאות" (מיכה ז, טו)

זכינו לחיות בתקופה 'תנ"כית': גבורה והתמסרות אין קץ של המוני בית ישראל, גילויי חסד וניסים גלויים נראים לעיני כל. עומד לנגד עינינו תמיד זכרם של בני הישיבה שנפלו במלחמה - הקדושים רפאל קאודרס, ינון פליישמן, פדיה מנחם מרק ומשה ידידיה לייטר הי"ד. אנו מתפללים, משוועים ומייחלים לסיומה המוצלח של המלחמה, להחזרתם המהירה של כלל החטופים, הנמקים בשבי האויב האכזר, ולחידוש הברית בין חלקי העם השונים, מתוך ציפייה למשיח קודשנו.

שער ראשון: אני

ביני לביני / סיון הר־שפי

מִכָּל כִּנּוּיַיִךְ וְתֹאֳרַיִךְ,
מִכָּל שְׁמוֹתַיִךְ,
שְׁמִי
הִתְגַּלּוּתֵךְ הַקְּרוֹבָה לִי בְּיוֹתֵר
וַהֲכִי מִתְנוֹצֶצֶת בְּעֵינַי
בִּדְמָעוֹת, בֵּין הַקְּלִפּוֹת
בִּלְתִּי מוּבֶנֶת
הֲכִי מַגְבִּילָה וּמְאַפְשֶׁרֶת
הָאָרָה חוֹזֶרֶת וּמִשְׁתַּנָּה
וְחִכּוּךְ עַז בֵּין נִקְרַת הַצּוּר
לָרוּחַ הַגְּדוֹלָה
בֵּין הָאֶבֶן
לַבְּאֵר.

(ביני לביני מתוך הספר זרקא,
הוצאת הקיבוץ המאוחד 2017)

בארצות החיים

כִּי עִמְּךָ מְקוֹר חַיִּים בְּאוֹרְךָ נִרְאֶה אוֹר.

תהלים לו, י

והיה כעץ שתול.
זה שאמר הכתוב (משלי ג יח) עץ חיים היא למחזיקים בה.
אמר רבי יצחק בר׳ חייא למה נקרא תורה עץ חיים.
שחביבה על כל החיים.
אמר רבי יודן למה נמשלה בעץ החיים.
מה עץ החיים פרוש לכל באי עולם בגן עדן
כך התורה פרושה לכל החיים ומביאתן לחיי העולם הבא.

מדרש תהלים א

וזה פירוש הגמרא "עולמך תראה בחייך",
פירוש שעל ידי זה שכל מעשיו ותנועותיו שעושה
הכל בקדושה ובטהרה ודביקות ושמחה ובאהבה וביראה,
מזה יגיע לו תענוג עולם העליון בזה העולם.
ויש לומר נמי כוונת הפסוק "ואתם הדבקים בה׳ אלוהיכם חיים
כולכם היום",
פירוש על ידי הדביקות שתדבקו עצמכם בהבורא ברוך הוא,
יהיה לכם חיים נצחיים גם "היום" בעולם הזה כנ"ל.

רבי אלימלך מליז׳נסק, נעם אלימלך בראשית א

אנו מבקשים את מקור החיים ופעימתם,
תרים אחר המפגש עימו, המתקיים בהם ודרכם:
בדרך עץ החיים.
ההרגל שוחק את תחושת החיים
אנו שוכחים כמה פלא ישנו בעצם הקיום
הכול חי ורוחש סביבנו
אנחנו חיים וקיימים.
לב העולם
פועם.
מונחים אנחנו בגן החיים
נושמים מכוחה של הנשימה שנפח בנו
אלוהים חיים.
כל מה שקדם לי
מקבל את פניי
מזמין אותי
לחיות.

חיים כולכם היום

ה׳ אָמַר אֵלַי בְּנִי אַתָּה אֲנִי הַיּוֹם יְלִדְתִּיךָ.

תהילים ב, ז

הַמֵּאִיר לָאָרֶץ וְלַדָּרִים עָלֶיהָ בְּרַחֲמִים
וּבְטוּבוֹ מְחַדֵּשׁ בְּכָל יוֹם תָּמִיד מַעֲשֵׂה בְרֵאשִׁית.

מתוך ברכת יוצר אור

הַיּוֹם אִם בְּקוֹלוֹ תִשְׁמָעוּ
זֶה כְּלָל גָּדוֹל בַּעֲבוֹדַת הַשֵּׁם
שֶׁלֹּא יָשִׂים לְנֶגֶד עֵינָיו כִּי אִם אוֹתוֹ הַיּוֹם
הֵן בְּעֵסֶק פַּרְנָסָה וְהִצְטָרְכוּתוֹ צָרִיךְ שֶׁלֹּא יַחְשֹׁב מִיּוֹם לַחֲבֵרוֹ
כַּמּוּבָא בַּסְּפָרִים
וְכֵן בַּעֲבוֹדָתוֹ יִתְבָּרַךְ לֹא יָשִׂים לְנֶגֶד עֵינָיו
כִּי אִם אוֹתוֹ הַיּוֹם וְאוֹתוֹ הַשָּׁעָה
כִּי כְּשֶׁרוֹצִין לִכָּנֵס בַּעֲבוֹדַת ה׳
נִדְמֶה לְהָאָדָם כְּאִלּוּ הוּא מַשָּׂא כָּבֵד
וְאִי אֶפְשָׁר לוֹ לָשָׂא מַשָּׂא כָּבֵד כָּזוֹ
אֲבָל כְּשֶׁיַּחְשֹׁב שֶׁאֵין לוֹ רַק אוֹתוֹ הַיּוֹם, לֹא יִהְיֶה לוֹ מַשָּׂא כְּלָל
וְגַם שֶׁלֹּא יִדְחֶה אֶת עַצְמוֹ מִיּוֹם לְיוֹם
לֵאמֹר מָחָר אַתְחִיל, מָחָר אֶתְפַּלֵּל בְּכַוָּנָה וּבְכֹחַ כָּרָאוּי
וְכַיּוֹצֵא בָּזֶה בִּשְׁאָר הָעֲבוֹדוֹת
כִּי אֵין לְאָדָם בְּעוֹלָמוֹ כִּי אִם אוֹתוֹ הַיּוֹם וְאוֹתוֹ הַשָּׁעָה שֶׁעוֹמֵד בּוֹ

כִּי יוֹם הַמָּחֳרָת הוּא עוֹלָם אַחֵר לְגַמְרֵי
הַיּוֹם אִם בְּקוֹלוֹ תִשְׁמָעוּ, "הַיּוֹם" דַּיְקָא, וְהָבֵן.

רבי נחמן מברסלב, ליקוטי מוהר"ן חלק א רעב

וְאָסוּר לְהַנִּיחַ מִיּוֹם לַחֲבֵרוֹ כְּלָל, כִּי אֵין הָעוֹלָם עוֹמֵד כְּלָל אֲפִלּוּ כְּהֶרֶף עַיִן
וְעַל כֵּן כָּל מַה שֶּׁיְּכוֹלִין לְהִתְגַּבֵּר לַעֲשׂוֹת אֵיזֶה דָּבָר בַּעֲבוֹדַת ה'
צְרִיכִין לַעֲשׂוֹתוֹ מִיָּד דַּיְקָא בְּלִי אִחוּר וְעִכּוּב כְּלָל, אֲפִלּוּ רֶגַע אַחַת
כִּי מִי יוֹדֵעַ כַּמָּה מְנִיעוֹת וְעִכּוּבִים וְהִרְהוּרִים יִהְיֶה לוֹ בַּשָּׁעָה הָאַחֶרֶת
כִּי אֵין לְהָאָדָם בְּעוֹלָמוֹ כִּי אִם אוֹתָהּ הַשָּׁעָה וְאוֹתָהּ הָרֶגַע בִּלְבַד.
[...] וְרַבֵּנוּ זִכְרוֹנוֹ לִבְרָכָה הָיָה בְּדָבָר זֶה חִדּוּשׁ נִפְלָא מְאֹד
כִּי הָיָה זָרִיז בְּתַכְלִית הַזְּרִיזוּת שֶׁלֹּא הָיָה דֻּגְמָתוֹ בָּעוֹלָם
וְכָל דָּבָר שֶׁהָיָה צָרִיךְ לַעֲשׂוֹת אֲפִלּוּ בְּעִנְיְנֵי עֲבוֹדוֹת גַּשְׁמִיּוֹת שֶׁהֵם צָרְכֵי הָאָדָם
הָיָה עוֹשֵׂהוּ בִּזְרִיזוּת נִפְלָא מִיָּד דַּיְקָא
מִכָּל שֶׁכֵּן בַּעֲבוֹדַת הַשֵּׁם.
וְאַף עַל פִּי כֵן הָיָה מָתוּן גָּדוֹל
כְּשֶׁרָאָה שֶׁאֵינוֹ עוֹלֶה בְּיָדוֹ הָיָה מָתוּן מָתוּן.

רבי נתן מברסלב, חיי מוהר"ן אות ת"ל

החיים מתרחשים כרגע. ובו בלבד.
היום הנפרש לפנינו מדי בוקר הוא יום חדש,
שלא היה ולא יהיה כמותו מעולם.

ההזדמנות היחידה שניתנת לנו לשהות בו, היא כעת,
ביום הזה ממש.
שאלת החיים היא שאלה פתוחה
כל יום הוא הזמנה להתחדש, להיברא,
להתקיים ברגע הזה במלואי, במאודי, בכל ישותי
לבחור בחיים.

החיים הם כמו נהר מפכה
מי שמצליח לגלוש על הנהר, על זרמי החיים,
יגיע אל היעד, ימצא את הייעוד.
האמון בחיים קורא להיענות אליהם ולקריאתם,
לחיות מבפנים
לומר הנני.

לעיתים אנו תופסים את הזמן כמשהו שיש לדלג מעליו, לקצר אותו
אנו קצרי רוח להגיע אל התחנה הבאה.
אבל מי שמוכן לרדת מהכביש המהיר -
יזכה ליהנות מהנוף
מי שמוכן להשתהות,
יגלה את סוד אריכות הימים,
הימים המתארכים.

החיים ברגע הקיים אינם ביטוי לרפיון ואי עשייה,
אלא יש בהם אינטנסיביות הנובעת מתוך הנוכחות המלאה,
זריזות במתינות.
בתוך הרגע מקופל נצח,
שהוא גילוי של שם הויה -
היה הווה ויהיה.

יום בחיים

לוקחים דף ועט, וכותבים בפירוט סדר יום מייצג בחיי, מבוקר עד לילה.

מסמנים את הרשימה שנוצרה בשלושה צבעים:

ירוק - דבר שנותן לך חיים, שיש בו גילויי חיים.

אדום - דבר שמרוקן אותך מחיוניות, שיש בו חסרון חיים.

צהוב - דבר ניטרלי, לא ממלא ולא מרוקן.

כעת מתבוננים על הרשימה: מה ניתן לזהות בה? האם יש צבע בולט במיוחד? מה מפתיע ברשימה? איזה רגש מתעורר בהתבוננות בה?

מפת חיים

לוקחים דף וצבעים. חושבים על הדברים שנותנים לנו חיים, מעניקים לנו תחושת חיוניות, מלאות וקיום וכותבים אותם ברשימה (לא על פי סדר מסוים).

במרכז הדף מציירים עץ. זהו עץ החיים. את הדברים הכתובים ברשימה הופכים למפה ובה שבילים המסמנים את הדרך והכיוון לעץ החיים שלנו. כל סעיף ברשימה יכול להפוך לשביל רחב או לנתיב צר, על פי ההרגשה.

את הציור יש לנסות לצייר באופן אינטואיטיבי, בלי הרבה מחשבה, כך שהמפה תוכל ללמד אותנו על הדרכים המסומנות בה.

ובחרת בחיים

מקדישים יום מסוים להתבוננות בבחירה בחיים. מוצאים רגע ביום שמגיעים בו לצומת המצריך בחירה (אלו יכולות להיות גם בחירות ׳קטנות׳ מאוד, כגון: אם לקום או להמשיך לישון, לשבת ללמוד או לדבר עם חבר, לצאת לגינה או להישאר על הספה). מנסים לשים לב מה מושך לכל צד. כעת מדמיינים קול הלוחש שוב ושוב: ובחרת בחיים. מאזינים לו ובודקים, האם הנטייה במה לבחור השתנתה או התעצמה? ניתן לאסוף ולתעד כמה ׳צמתים׳ שכאלו ולבחון מה משתקף מהם.

התעוררות

חֲדָשִׁים לַבְּקָרִים רַבָּה אֱמוּנָתֶךָ.

איכה ג, כג

יתגבר כארי לעמוד בבוקר לעבודת בוראו, שיהא הוא מעורר השחר [...]
ומיד שיֵעור משנתו יקום בזריזות לעבודת בוראו יתברך ויתעלה.

שולחן ערוך, אורח־חיים א, א

כִּי יֵשׁ בְּנֵי אָדָם שֶׁיְּשֵׁנִים אֶת יְמֵיהֶם.

רבי נחמן מברסלב, ליקוטי מוהר"ן חלק א ס

כִּי צְרִיכִין לִשְׁמֹר מְאֹד אֶת הַזִּכָּרוֹן, שֶׁלֹּא יִפֹּל לְשִׁכְחָה, בְּחִינַת מִיתַת הַלֵּב. וְעִקַּר הַזִּכָּרוֹן הוּא לִזְכֹּר תָּמִיד בְּעָלְמָא דְּאָתֵי, שֶׁלֹּא יִהְיֶה בְּדַעְתּוֹ, חַס וְשָׁלוֹם, שֶׁאֵין עוֹלָם אֶלָּא אֶחָד [...]
כָּךְ רָאוּי לִהְיוֹת מִנְהַג יִרְאֵי הַשֵּׁם: תֵּכֶף בַּבֹּקֶר בַּהֲקִיצוֹ, קֹדֶם שֶׁיַּתְחִיל שׁוּם דָּבָר, יִזְכֹּר מִיָּד בְּעָלְמָא דְּאָתֵי.

רבי נחמן מברסלב, ליקוטי מוהר"ן חלק א נד

איך אפשר לחיות חיים עֵרים?
נדמה כי יש תקופות בחיים שבהן אנו כביכול רוצים שמישהו
ירדים אותנו
ויעיר אותנו רק כשהכול יעבור.
תקופות אחרות אנו צולחים במין טשטוש, מודעות חלקית.
מתהלכים בעולם בעיניים עצומות, מגששים את דרכנו בלב רדום.
היקיצה אל החיים קשורה ראשית לכול,
במוכנות לחוות את הדברים בעומקם,
להיות בהם במלואי, בכוליותי,
לעבור בתוכם ולא לעבור אותם.
ההתעוררות אל החיים היא פעולה אין־סופית.
אנו מתפללים:
״אַל תְּבִיאֵנוּ לִידֵי נִסָּיוֹן״.
מי שמרגיש שהוא כבר בעל ניסיון,
הוא ׳עבריין׳ המשחזר את העבר במקום להתקיים בהווה.
המציאות היא תמיד חדשה.
בכל פעם צריך לפקוח אליה עיניים מחדש
להביט בה במבט טרי המבקש לרדת לשורשה כעת.

לתפוס את הרגע

מנסים למצוא דרכים יצירתיות שיסייעו לתפוס את הרגע המיוחד של ההשכמה בבוקר. להתעורר מבפנים אל היום החדש. ניתן לתכנת את השעון המעורר כך שינגן שיר שיזכיר את המיוחדות של הרגע הזה. אפשר ליצור הקלטה אישית ולהשמיע אותה עם השכמת הבוקר, יש מי שיסייע לו לשהות כמה דקות במיטה ובדקות אלו להתבונן בחיים החוזרים לאיטם אל הגוף המתעורר, להתבונן ביום החדש ולהאיר אותו בשמחה ותקווה.

מודה אני

בעת אמירת "מודה אני" בוחרים מילה אחת מתוך תפילה זו ומתמקדים בה. מתבוננים במילה ובמשמעות שלה עבורנו היום. את הנקודה שבוחרים בה מנסים למשוך במחשבה על היום כולו.

אמון

ה׳ אֱלֹהַי אַתָּה
אֲרוֹמִמְךָ
אוֹדֶה שִׁמְךָ כִּי עָשִׂיתָ פֶּלֶא
עֵצוֹת מֵרָחוֹק
אֱמוּנָה אֹמֶן.

ישעיהו כה, א

טוֹב ה׳ לַכֹּל וְרַחֲמָיו עַל כָּל מַעֲשָׂיו.

תהילים קמה ט

וֶאֱמוּנָה הִיא מְקוֹר הַבְּרָכוֹת,
בִּבְחִינוֹת (משלי כח כ): אִישׁ אֱמוּנוֹת רַב בְּרָכוֹת.

רבי נחמן מברסלב, ליקוטי מוהר״ן חלק א לא

האמון והאמונה כרוכים זה בזה.
שורש האמונה טמון באופן שבו האדם חווה את העולם ואת האלוהים:
האם הוא מתהלך בעולם בתודעה של אמון או של חשדנות
של חסד ורחמים או של שרירותיות חסרת פנים?
האם האדם מרגיש אהוב, בטוח ורצוי
או חש רדוף ולחוץ?

איך הוא מתבונן על העולם: האם כג'ונגל אכזרי
או כמקום שיש בו גם הרמוניה ושיתופי פעולה?
האם הוא חש בו חמימות וקִרבה או שמא הוא יוצא אלי קרב?
השאלה הזו משפיעה על כל החיים,
על הפרשנות שמעניק האדם למציאות חייו,
על אופן הקיום שלו
וכן על האפשרות שלו להיפתח אל האמונה.

מרחבי אמון

מוצאים מקום שקט ורגוע, אפשר לשבת עם דף ועט ולכתוב את הדברים, או להתבונן בהם במחשבה בלבד.

מנסים לאתר 'אזורים' בחיינו ובעולם שבהם אנו חשים שאנחנו נותנים אמון:

מי הם האנשים שהאמון שלנו ניתן להם? מה מאפשר את נתינת האמון?

מה אנו מרגישים כאשר יש אמון באוויר?

מתי אנו פועלים מתוך אמון וסומכים על עצמנו?

מה מחליש את האמון שלנו בעולם? כיצד נוכל להגביר את האמון שאנו חשים?

אמונה

בְּטַח בַּה' וַעֲשֵׂה טוֹב
שְׁכָן אֶרֶץ וּרְעֵה אֱמוּנָה.

תהילים לז, ג

מִי שֶׁיֵּשׁ לוֹ אֱמוּנָה - חַיָּיו חַיִּים, וְהוּא מְבַלֶּה יְמֵי חַיָּיו בְּטוֹב תָּמִיד.
כִּי כְּשֶׁהוֹלֵךְ לוֹ כָּרָאוּי וְיֵשׁ לוֹ טוֹב, בְּוַדַּאי טוֹב לוֹ.
וַאֲפִלּוּ כְּשֶׁאֵינוֹ כָּךְ
(דְּהַיְנוּ שֶׁאֵין מִתְנַהֵג לוֹ כְּסֵדֶר וְיֵשׁ לוֹ יִסּוּרִין חַס וְשָׁלוֹם)
גַּם־כֵּן טוֹב,
כִּי הוּא בָּטוּחַ שֶׁאַף־עַל־פִּי־כֵן הַשֵּׁם יִתְבָּרַךְ יְרַחֵם עָלָיו
לְהַבָּא וְיֵיטִיב אַחֲרִיתוֹ.
כִּי מֵאַחַר שֶׁהַכֹּל מֵאִתּוֹ יִתְבָּרַךְ בְּוַדַּאי הַכֹּל לְטוֹבָה.

רבי נחמן מברסלב, שיחות הר"ן נג

נִמְצָא שֶׁעִקַּר עֲבוֹדַת אִישׁ הַיִּשְׂרְאֵלִי,
זוֹכִין עַל־יְדֵי אֶרֶץ־יִשְׂרָאֵל,
שֶׁהוּא בְּחִינַת אֱמוּנָה,
בְּחִינַת אֲרִיכַת אַפַּיִם,
בְּחִינַת כֹּחַ הַגּוֹדֵל וְכֹחַ הַצּוֹמֵחַ,
שֶׁעַל־יְדֵי־זֶה זוֹכִין לְהִתְחַזֵּק בַּעֲבוֹדָתוֹ,
וְלִבְלִי לְהִסְתַּכֵּל עַל שׁוּם מוֹנֵעַ וּמְעַכֵּב וּמְבַלְבֵּל,
שֶׁאִי אֶפְשָׁר לִזְכּוֹת לַעֲבוֹדַת הַשֵּׁם בֶּאֱמֶת כִּי־אִם עַל־יְדֵי־זֶה וְכַנַּ"ל.

רבי נחמן מברסלב, ליקוטי מוהר"ן חלק א קנה

לפעמים אדם מחפש את האמונה בתוכו ולא מוצא.
זה מוליד איזו בהלה, או ריקנות.
אבל האמונה אינה בתוכנו אלא אנו בתוכה.
איננו צריכים ליצור אותה יש מאין אלא להיעתר לה.
היא גדולה ורחבה מאיתנו ואנו מוזמנים להתמסר לה.
ההבנה הזו יכולה לפתור הרבה קושיות ובעיות.
גם אם איננו מונחים בתוכה כרגע,
יש כאן הזמנה להיכנס פנימה, להתערסל בתוכה,
"כאשר ישא האומן את היונק".
האמונה ראשיתה בָּאֵם, המחבקת, העוטפת באמון,
המשקפת את החוויה הפנימית הבסיסית של קיום בטוח.

פעולת האמונה נתפסת לעיתים כפעולה כוחנית
והאנשים המאמינים מצטיירים כחזקים
אך באמת האמונה היא נביעה מלאה עדינות ורוך.
היא מאפשרת אורך רוח, נשימות עמוקות המלוות את מעשיי
כהיפוך למצב הישרדותי ופעולה מתוך קוצר רוח ומתח.

יחד עם העולם ברא הקב"ה גם את זרימת החיים
ואנו מוזמנים להשתלב בתוכה.
האמונה מאפשרת כניסה פנימה אל החיים
מתוך ידיעה פנימית שיהיה לנו טוב,
שהכול עוד יבוא על מקומו בשלום.

האמונה טמונה בהבנה שאנו יכולים להתמסר
לזרום כמו בתוך אבוב על מים
לתת לזרמים לשאת אותנו
להיות בתוך הדברים.

היא פותחת את האדם להכרה בכך שלחיים יש הזרימה שלהם
ועל כן היא מאפשרת סבלנות ואורך רוח.
להשתלב בקצב של החיים, לא לדחוק את השעה.
לחוש את הרוח הנושבת עלינו ובנו.

ערסל של אמונה

יושבים במקום נוח ורגוע, עוצמים עיניים ונושמים נשימות עמוקות.

מדמיינים את עצמנו מעורסלים בתוך האמונה, נכנסים לתוכה ומוקפים בה.

ניתן לדמיין זאת כמעין כניסה פנימה לתוך נחל זורם במתינות, או בריכת מעיין,
כאשר אנו מוקפים במים ומתמסרים אליהם.

בצומת דרכים

מוזמנים לחשוב על התלבטות שעומדים בפניה ולנסות לחוש:

כיצד אכריע מתוך מצב של קוצר רוח, ולעומת זאת לו היינו מקבלים 'מנה' של אמונה, כיצד היה הדבר משפיע על ההכרעה?

אמונה בעצמי

כְּשֶׁאָמַר לִי, עִנְיַן הַנִּדְפָּס בְּלִקּוּטֵי תִּנְיָנָא (סִימָן פו) עַל פָּסוּק (שְׁמוֹת ו): "מִקֹּצֶר רוּחַ וּמֵעֲבוֹדָה קָשָׁה",
שֶׁעַל־יְדֵי קַטְנוּת אֱמוּנָה צְרִיכִין לַעֲבוֹדוֹת קָשׁוֹת וְכוּ' עַיֵּן שָׁם,
עָמַדְתִּי לְפָנָיו כְּמִשְׁתּוֹמֵם וּמַחְשְׁבוֹתַי הָיוּ תְּמֵהִים בְּעִנְיָן זֶה.
כִּי נִדְמֶה לִי שֶׁיֵּשׁ לִי אֱמוּנָה קְצָת.
עָנָה וְאָמַר בִּלְשׁוֹן גְּעָרָה קְצָת כְּאוֹמֵר:
"וְאִם יֵשׁ לְךָ אֱמוּנָה, אֵין לְךָ אֱמוּנָה בְּעַצְמְךָ."
[...] וְהַכְּלָל הַמּוּבָן מִדְּבָרָיו:
שֶׁהָאָדָם צָרִיךְ שֶׁיִּהְיֶה לוֹ אֱמוּנָה בְּעַצְמוֹ,
שֶׁגַּם הוּא חָבִיב בְּעֵינֵי הַשֵּׁם יִתְבָּרַךְ.
כִּי לְפִי גְּדֻלַּת טוּבָתוֹ שֶׁל הַשֵּׁם יִתְבָּרַךְ,
גַּם הוּא גָּדוֹל וְחָשׁוּב בְּעֵינָיו יִתְבָּרַךְ.

רבי נחמן מברסלב, שיחות הר"ן קמ

כְּמוֹ שֶׁצְּרִיכִין לָדוּן אֲחֵרִים לְכַף זְכוּת,
אֲפִלּוּ אֶת הָרְשָׁעִים,
וְלִמְצֹא בָּהֶם אֵיזֶה נְקֻדּוֹת טוֹבוֹת,
וְעַל־יְדֵי־זֶה מוֹצִיאִין אוֹתָם בֶּאֱמֶת מִכַּף חוֹבָה לְכַף זְכוּת,
בִּבְחִינַת: וְעוֹד מְעַט וְכוּ' וְהִתְבּוֹנַנְתָּ וְכוּ' כַּנַּ"ל,
כְּמוֹ כֵן הוּא אֵצֶל הָאָדָם בְּעַצְמוֹ, שֶׁצָּרִיךְ לָדוּן אֶת עַצְמוֹ לְכַף זְכוּת,
וְלִמְצֹא בְּעַצְמוֹ אֵיזֶה נְקֻדָּה טוֹבָה עֲדַיִן,
כְּדֵי לְחַזֵּק אֶת עַצְמוֹ שֶׁלֹּא יִפֹּל לְגַמְרֵי, חַס וְשָׁלוֹם,

רַק אַדְּרַבָּא יְחַיֶּה אֶת עַצְמוֹ,
וִישַׂמַּח אֶת נַפְשׁוֹ בִּמְעַט הַטּוֹב שֶׁמּוֹצֵא בְּעַצְמוֹ.

רבי נחמן מברסלב, ליקוטי מוהר"ן חלק א רפב

צָרִיךְ לֵידַע וּלְהַאֲמִין שֶׁנַּפְשׁוֹ בְּשָׁרְשָׁהּ הִיא גְּדוֹלָה וִיקָרָה וְגָבֹהַּ מְאֹד מְאֹד וְאַלְפֵי אֲלָפִים וְרִבֵּי רִבְבוֹת עוֹלָמוֹת בְּלִי שִׁעוּר תְּלוּיִים בָּהּ [...] וְזֶה בְּחִינַת (דִּבְרֵי הַיָּמִים ב׳ יז ו) "וַיִּגְבַּהּ לִבּוֹ בְּדַרְכֵי ה׳" שֶׁצְּרִיכִין לְהַגְבִּיהַּ לִבּוֹ וְדַעְתּוֹ בְּדַרְכֵי ה׳ וְלוֹמַר בְּנַפְשׁוֹ שֶׁאֵין נָאֶה לִי לַעֲשׂוֹת מַעֲשִׂים כָּאֵלֶּה מַעֲשֵׂה בְּהֵמָה ח"ו, כִּי נַפְשִׁי גָּבֹהַּ מְאֹד נֶפֶשׁ יִשְׂרָאֵל שֶׁכֻּלָּם בְּנֵי מְלָכִים וְרָאוּי לִי לְהִתְנַהֵג בְּנִימוּסֵי הַמַּלְכוּת דִּקְדֻשָּׁה, כְּמוֹ שֶׁרָאוּי לְנַפְשׁוֹת יִשְׂרָאֵל שֶׁנִּקְרָאִים (דְּבָרִים יד א), "בָּנִים אַתֶּם לַה׳ אֱלֹהֵיכֶם".

רבי נתן מברסלב, ליקוטי הלכות אורח חיים, הלכות ברכת השחר ג, ה

חלק מהאמונה בה׳ היא גם האמונה שאנו חשובים ויקרים בעיניו.
שהוא מאמין בנו.
אם אנו פה הרי שיש תכלית בחיינו.
חוסר אמון בעצמי הוא גם, במובן מסוים,
חוסר אמון בה׳ שברא אותי ומאמין בי
ואני יציר כפיו.

רחמנא לבא בעי.
כמה מקום בליבנו אנו נותנים לטוב
ולמואר לעומת הרע או המכאיב?
האם אנו מביטים על היש או על הריק?
באופן פלאי, ההתמקדות בטוב מגדילה אותו.
ללא עצימת עיניים או התעלמות מן המציאות
אלא מתוך בחירה להסב את המבט כרצוננו.
איסוף הנקודות הטובות שבנו
הוא פעולה של חיזוק האמונה והגדלת הטוב הפנימי.

קטנות האמונה של האדם בעצמו גורמת לו לקוצר רוח,
חוסר סבלנות ומאמץ החורג מן המידה.
יש כאן מעין מדד לדיוק פנימי:
אם יש תחושה של עבודה קשה, של תסכול,
של הפעלת כוח שאינו נושא פרי,
סימן שיש חוסר אמונה.
העצה היא להפנות את המבט פנימה אל הרצון,
לשוב אל הלב,
להיזכר בטוב שבי ובכך שגם אני חשוב בעיני ה'.
אני אהוב - משמע אני קיים, אני קיים - משמע אני אהוב.
כאשר האדם מַפְנים את האמונה של ה' בו,
הוא יכול לחיות את חייו ביתר שאת, בקיום מתוך מלאות.

שיחה אישית

יושבים ל'שיחה אישית' עם הקב"ה ופונים אליו בתלונה: למה לא עשית אותי יותר... וקצת יותר... למה נתת לי את הפגם הזה... והזה... למה אני לא קצת יותר דומה לזה... או להוא... מפרטים את התלונות הקיימות בנו על האופן שבו נוצרנו ונולדנו, כל ה'תקלות בייצור', שאילו היו נמנעות היה עם ישראל כולו יכול להרוויח מכך... כמובן, כל אחד ואחת כפי כוחו, לפי לשונו ובמילותיו.

לאחר שמפרטים בשיחתנו את רשימת התלונות שלנו, פונים אל הקב"ה ואומרים לו שאנו מבינים שבכל זאת כך הוא החליט לברוא אותנו, וזו הייתה כוונתו. ומתוך ההבנה שהאופן שבו נוצרנו הוא על דעתו, אנו מוכנים 'לקבל את הדין' ולשמוח בחלקנו ובעצמנו כפי שאנו.

מתבוננים: כאשר אנו מקבלים את עצמנו כפי שאנו, עם הפגמים והחסרונות, מה מתבהר לנו כעת? איזה טוב ניתן למצוא בחסרונות שבנו? במה הם תורמים לנו ומקדמים אותנו?

פליאה

פְּלִיאָה דַעַת מִמֶּנִּי נִשְׂגְּבָה לֹא אוּכַל לָהּ.

תהילים קלט, ו

פֶּלֶא יוֹעֵץ אֵל גִּבּוֹר אֲבִי עַד שַׂר שָׁלוֹם (ישעיהו ט ה).
פֶּלֶא, דָּא חָכְמְתָא עִלָּאָה, דְּהִיא פְּלִיאָה וְאִתְכַּסְיָא מִכֹּלָּא,
כְּמָה דְּאַתְּ אָמֵר (דברים יז ח) כִּי יִפָּלֵא מִמְּךָ דָבָר.

זוהר חלק יא דף לא ע"א

פלא, זוהי חכמה העליונה, שהיא פליאה ומכוסה מכל
כמו שכתוב: "כי יפלא ממך דבר".

שם, תרגום הסולם

והאיך היא הדרך לאהבתו ויראתו?
בשעה שיתבונן האדם במעשיו וברואיו הנפלאים הגדולים
ויראה מהן חכמתו שאין לה ערך ולא קץ
מיד הוא אוהב ומשבח ומפאר ומתאווה תאווה גדולה לידע השם הגדול.
כמו שאמר דוד (תהילים מב ג) "צמאה נפשי לאלוהים לאל חי".
וכשמחשב בדברים האלו עצמן מיד הוא נרתע לאחוריו ויפחד
ויודע שהוא בריה קטנה שפלה אפלה עומדת בדעת קלה מועטה
לפני תמים דעות.

רמב"ם, משנה תורה, הלכות יסודי התורה ב, א

חד־פעמיותם וייחודיותם של החיים צופנת בקרבה פליאה
כמו פלא הקשת בענן
ומה שכמוס מאחוריה,
היוצר את צבעיה
אנו נחשפים לרגע לסוד, לאַין
יש רגעים שהנשימה נעתקת
אין מילים
וְהָאִישׁ מִשְׁתָּאֵה לָהּ מַחֲרִישׁ (בראשית כד כא)
שוהה ומתפעל.
אנו נעמדים על קצות האצבעות
מול פלא הדברים
בעדינות, לא ברגל גסה, בלי לדרוס את המציאות
עומדים מנגד, עם יראה בלב
לוקחים אוויר
וואו
רגע מתוק מריר
של כבוד למציאות, של שהות
כמו ליקוט ציצים ופרחים
נותנים לנוף הנשקף,
לשמחה המשפחתית,
לצחוקו של התינוק
לכבוש אותנו, להרחיב את ליבנו
אנו מתמוססים בתוך הדברים הגדולים מאיתנו
בלי להבין עד הסוף
בלי לאחוז
בהשתאות
בפליאה.

אלבום תמונות פנימי

מוזמנים לדפדוף באלבום תמונות פנימי: מנסים לשחזר או להוביל את עצמנו לרגעים שבהם חשנו לאחרונה תחושת פליאה. היכן היו? בחיק הטבע? מול נוף עוצמתי או רפרוף כנפי פרפר? ברגע בין־אישי קרוב? עם בני המשפחה? בקריאת ספר או האזנה למוזיקה?

לאחר שנאספו בנו כמה תמונות מרגעי פליאה שכאלו, מנסים להעמיק ולחקור את הרגש הזה שנקרא פליאה, להכיר את הפליאה שבנו. מה מעורר אותה? אילו רגשות נוספים היא מולידה? האם אנו מרגישים קטנים או גדולים? התמוססות או התבטלות? מהי החוויה הזו המתקיימת בנו ברגעי פליאה?

רגעי פליאה

כיוון שהפליאה היא רגש אנושי בסיסי וחשוב, המעורר בנו את תחושת הנסתר, חושבים כיצד נוכל לזמן אותה לחיינו לעיתים קרובות יותר? מה יאפשר לנו להיות ב'מצב צבירה' של התפלאות בחיינו?

מנסים ליצור בימים הקרובים רגעי פליאה, פעמיים ביום שבהם נאמר 'וואו'.

בוחרים פעולה יומיומית כמו אכילה, הליכה, צחצוח שיניים ומבצעים אותה כאילו זו הפעם הראשונה בחיינו שאנו מבצעים את אותה פעולה.

מנסים לעורר את תחושת החידוש והפליאה שבתוך המוכר והידוע, מתוך פקיחת עיניים לַסובב אותנו.

אני איש פלא

סוֹד ה׳ לִירֵאָיו וּבְרִיתוֹ לְהוֹדִיעָם.

תהילים כה, יד

שָׁמַעְתִּי בְּלִיפָּווִיץ שֶׁאָמַר אֲנִי אִישׁ פֶּלֶא וְנִשְׁמָתִי הוּא פֶּלֶא גָּדוֹל.

רבי נתן מברסלב, חיי מוהר״ן רל״ו

רבנו אמר: ״אני סוד, ואפילו כשאני כבר מגלה את הסוד, אף על פי כן אני נשאר סוד״.

רבי לוי יצחק בנדר, שיח שרפי קודש ב נד

״כִּי אֲנִי יָדַעְתִּי כִּי גָדוֹל ה׳ וַאֲדוֹנֵינוּ מִכָּל אֱלֹהִים״ (תהילים קלה).
דָּוִד הַמֶּלֶךְ ע״ה אָמַר: ״כִּי אֲנִי יָדַעְתִּי״. ״אֲנִי יָדַעְתִּי״ דַּיְקָא,
כִּי גְּדֻלַּת הַבּוֹרֵא יִתְבָּרַךְ אִי אֶפְשָׁר לוֹמַר לַחֲבֵרוֹ,
וַאֲפִלּוּ לְעַצְמוֹ אִי אֶפְשָׁר לְסַפֵּר מִיּוֹם לְיוֹם
לְפִי מַה שֶּׁמַּזְרִיחַ לוֹ וּמִתְנוֹצֵץ לוֹ בְּאוֹתוֹ הַיּוֹם -
אֵינוֹ יָכוֹל לְסַפֵּר לְעַצְמוֹ לְיוֹם שֵׁנִי הַזְּרִיחָה וְהַהִתְנוֹצְצוּת
שֶׁל גְּדֻלָּתוֹ יִתְבָּרַךְ שֶׁהָיָה לוֹ אֶתְמוֹל.
וְעַל־כֵּן אָמַר: ״כִּי אֲנִי יָדַעְתִּי״, ״אֲנִי יָדַעְתִּי״ דַּיְקָא.
כִּי אִי אֶפְשָׁר לְסַפֵּר כְּלָל.

רבי נחמן מברסלב, שיחות הר״ן א

המציאות צופנת סוד.
בכל דבר רוחש איזה רובד נסתר, דלת לפנים מדלת.
תמיד אפשר להיכנס עוד פנימה,
לפסוע עוד פסיעה לתוככי הפרד"ס של חיינו.
וכמו במציאות הסובבת אותנו,
כך גם בכל אדם יש יותר ממה שנראה לעין.
כל אדם הוא פרדס.
יש בו פשט, דרש, רמז וסוד.
יש גוף, יש שכל, יש רצונות ודעות ודרכי התבטאות,
אך כל אלו הם ענפים שדרכם מבקש משהו אחר להתגלות.
אותו 'משהו אחר' הוא עיקר המהות של אותו אדם.
הוא אורו האמיתי, מקור חייו.
אנו מתפללים לגלות אותו בנו ובסובבים אותנו,
לפגוש את עצמנו כשאנו מוארים.
לזכור כי הסוד הזה הוא חלק מאתנו,
כי יש במציאות יותר ממה שנראה לעינינו.
שיש עולמות, שכדי לראותם צריך לפתוח שער.
'כָּל חַד לְפוּם מַה דִּמְשַׁעֵר בְּלִבֵּהּ'.

ההתבוננות בסוד, בחד־פעמיותו של הקיום שלנו,
מזמינה אותנו לפתח בקרבנו את התחושה של חוויית הדברים בתוכנו.
להכיר את המקום הפנימי שבו אנו חשים את סודם של הברואים.

ישנם דברים שאדם יודע אך ורק מתוך עצמו
ובאופן שרק הוא מכיר.
איך פועם ליבו תחת עץ התאנה שבחצרו,
מה מעורר בו ריח הלבלוב.

איך לספר על כל התפילות והפעמים שפרש ידיו יחד עם עלי
התאנה כלפי שמים.
כמו טביעת האצבע הייחודית רק לי, כך אין עוד אחד כמוני בעולם.
אני איש פלא.
אולי כך מרגיע את עצמו תינוק המוצץ את אצבעו
ובא במגע עם טביעת האצבע שלו
ונזכר שאין עוד כמוהו בעולם...

עם השנים לומד אדם להכיר את עצמו, לומד להיות עם עצמו.
להתיידד עם הרז שב'אניותו'.
להצליח לשהות ב'היות' הקודם לעשייה.
לפתח סוג של אינטימיות וקרבה אל ה'אני'.
כמו ילד, שבאופן טבעי שמח פשוט להיות.
מעבר לציפיות, מעבר לעשייה, מעבר לשיעמום.
לאט לאט הנשימה הופכת עמוקה יותר,
התזוזה הפנימית נרגעת מעט.
הנעימות שב'היות' עם עצמי
יכולה להפוך לאט לאט לתחושה כמעט מיסטית,
במפגש עם הנצחיות, עם חלק אלוה ממעל המחיה אותנו.
המילה 'אני' נוצרת בחובה את פלא האחד.
אני קיים, אני רצוף, אני נוכח.
ומתוך הנוכחות הזו צפה ועולה הנוכחות עם ה'אני' המחיה כול,
זה שהמילה הראשונה ששמענו ממנו הייתה 'אנוכי'.

אין כמוני

יושבים בהתבוננות פנימית, המבט מופנה אל תוכנו, בבחינת "מבשרי אחזה אלוה".

מתבוננים כיצד גם בנו עצמנו יש פלא. לתת מקום למי שאנחנו, להיות לרגע מופתעים מעצמנו. וואו אני...

יושבים ומתבוננים בידיים, בטביעת האצבעות האישית שלנו, שאין עוד כמוה.

מניחים יד על הלב ומרגישים את פעימותיו הקצובות.

משלימים את שלושת המשפטים:

- אני...
- אין כמוני...
- זה פלא שאני...

שֵׁם

”טוב שם טוב משֶּׁמן טוב“ (קהלת ז א)
כמה הולך שֶׁמן טוב?
מקיטון לטרקלין,
ושם טוב הולך מסוף העולם ועד סופו.

שמות רבה מ"ח, א

אתה מוצא שלושה שמות נקראו לו לאדם:
אחד מה שקוראים לו אביו ואמו,
ואחד מה שקוראים לו בני אדם,
ואחד מה שקונה הוא לעצמו;
טוב מכולם מה שקונה הוא לעצמו.

מדרש תנחומא, פרשת ויקהל

דַּע שֶׁהַשֵּׁם שֶׁנּוֹתְנִין לוֹ לָאָדָם הוּא לְפִי הַפְּעֻלָּה שֶׁיֵּשׁ לוֹ לָאָדָם
לַעֲשׂוֹת בָּעוֹלָם
וְיֵשׁ אֶחָד שֶׁעוֹשֶׂה הַפְּעֻלָּה שֶׁלּוֹ בַּחֲצִי שָׁנִים שֶׁיֵּשׁ לוֹ
וְצָרִיךְ לִקְרֹא לוֹ שֵׁם אַחֵר דְּהַיְנוּ שֵׁם חָדָשׁ
כִּי הַשֵּׁם שֶׁנּוֹתְנִין לָאָדָם הוּא לְאַחַר מוֹתוֹ לְבוּשִׁין שֶׁלּוֹ
כִּי הַשֵּׁם הוּא בִּבְחִינַת לְבוּשִׁין, כְּמוֹ שֶׁכָּתוּב: ”אֲנִי ה' הוּא שְׁמִי
וּכְבוֹדִי“ וְכוּ'
'כְּבוֹדִי' זֶה בְּחִינַת לְבוּשִׁין כִּי ”רַבִּי יוֹחָנָן קָרָא לְמָאנֵהּ מְכַבְּדוּתָא“

כִּי הַקָּדוֹשׁ בָּרוּךְ הוּא נִקְרָא הֲוָיָ"ה
כִּי בְּשֵׁם הֲוָיָ"ה נִתְהַוָּה כָּל הָעוֹלָמוֹת
אֲבָל לְמַעְלָה מִכָּל הָעוֹלָמוֹת אֵין לוֹ שֵׁם
כִּי לְמַעְלָה מִכָּל הָעוֹלָמוֹת אִי אֶפְשָׁר לְהַשִּׂיג אוֹתוֹ
וְזֶהוּ: "כִּי הִגְדַּלְתָּ עַל כָּל שִׁמְךָ אִמְרָתֶךָ".

רבי נחמן מברסלב, שיחות הר"ן צה

מה קורה לי כשקוראים בשמי
מה קורא לי
אפילו כששמי נלחש על שפתיים
זה חודר אלי, מעורר אותי.
שמו של האדם הוא מעין נתיב אליו, אל מהותו
אנו מתפללים על פלוני בן אלמונית
גם בלי להכירו, בלי לראות את פניו
משהו בנו נקשר אליו
השם נושא עימו איזה תדר, אנרגיה פנימית
הקריאה בשם מחַברת, מקרבת.

אחת המתנות הגדולות שנתן לנו ה' היא את שמו.
שנוכל לפנות אליו, שנוכל להכירו.
"אֲנִי ה' הוּא שְׁמִי וּכְבוֹדִי לְאַחֵר לֹא אֶתֵּן" (ישעיהו מב ח)
אני השם. לכן אסור לחלל את שם ה', אסור למחוק אותו.

באופן דומה גם שמו של האדם הוא חלק מהופעת ה'אני' שלו
במלואו.
ההבנה שאני הוא אני יכולה להיות הבנה משנת חיים.
כאשר ההורים שלי קראו לי בשמי, קיבלתי שם מסוים,
מתוך כל אינסוף האפשרויות הקיימות
וכעת זהו שמי, זה מי שאני.
לפעמים אנו במאבק עם השם שקיבלנו, מתקשים לקבל אותו,
חשים אותו כצמצום והגבלה
יש כאן הזמנה לדיאלוג, לתנועה:
לא להיות כבולים על ידי השם אלא להיענות לקריאה הטמונה בו.
היכולת להיות אחד עם עצמי קשורה גם בנוכחות בשמי,
בקבלה שלי את עצמי כפי שאני,
בלי לחרוג ממה שיש בי ומתבטא גם בשמי:
נעים מאוד, זה אני.

איך קוראים לך?

יושבים עם עט ודף במקום שקט ועונים על רצף השאלות הבאות, מתוך התבוננות והעמקה במשמעות השם. ההתבוננות בשם מטרתה לחזק את האינטימיות שלנו עם עצמנו ואולי אף לעורר חיבה מחודשת לשמנו ולעצמנו.

- מהו שמך הפרטי?
- האם יש לך שם נוסף? מהו?
- איזו פרשנות את מעניקה לשמך? האם הפרשנויות השתנו במהלך החיים וקיבלו מובנים נוספים?
- איך קוראים לך לתורה? (שמך ושם אביך)
- איך מתפללים עליך? (שמך ושם אמך)
- אילו שמות חיבה יש לך?
- כותבים את המילוי של השם הפרטי: למשל, דוב - דל"ת וא"ו בי"ת
- מנסים לראות זאת בעיני רוחנו כמילוי עומק המעניק ממד נוסף לשם.
- מכניסים נשמה לשם - כותבים את השם הפרטי בשילוב המילה נשמה:

  למשל, זלמן ז־נ־ל־ש־מ־מ־נ־ה. מתבוננים זמן מה באותיות.
- לאן קוראים לך? לְמה אתה קָרוּא? לְמה אַת קְרוּאה?

געגועים

אֱלֹהִים אֵלִי אַתָּה אֲשַׁחֲרֶךָּ
צָמְאָה לְךָ נַפְשִׁי כָּמַהּ לְךָ בְשָׂרִי
בְּאֶרֶץ צִיָּה וְעָיֵף בְּלִי מָיִם.

תהילים סג, ב

צמאה לך נפשי כמהה לך,
אמר רבי אייבו ככמיהות הללו שהן מצפין למים.
רבנן אמרי כשם שנפשי צמאה לך כן רמח איברים שיש בי
צמאים לך,
היכן, בארץ ציה ועייף בלי מים.

בראשית רבה סט א

וּלְהַמְשִׁיךְ נְקֻדּוֹת אֶל הָאוֹתִיּוֹת, הוּא עַל יְדֵי הַחֵשֶׁק וְהַכִּסּוּפִין,
שֶׁחוֹשְׁקִין לַעֲשׂוֹת הַמִּצְוָה אוֹ שְׁאָר דָּבָר שֶׁבִּקְדֻשָּׁה שֶׁאִישׁ יִשְׂרְאֵלִי
חוֹשֵׁק לַעֲשׂוֹת,
בִּבְחִינוֹת (שיר השירים א): "נְקֻדּוֹת הַכָּסֶף", שֶׁעַל יְדֵי הַכִּסּוּפִין
וְהַחֵשֶׁק נַעֲשִׂין נְקֻדּוֹת,
כִּי אִי אֶפְשָׁר לַעֲשׂוֹת שׁוּם דָּבָר כִּי־אִם עַל יְדֵי חֵשֶׁק,
דְּהַיְנוּ לְמָשָׁל כְּשֶׁמְּדַבֵּר אֵיזֶה דִּבּוּר,
צָרִיךְ שֶׁיִּהְיֶה לוֹ מִתְּחִלָּה חֵשֶׁק לְדַבֵּר.

וְכֵן כְּשֶׁעוֹשֶׂה אֵיזֶה פְּעֻלָּה, אִם לֹא הָיָה לוֹ חֵשֶׁק מִתְּחִלָּה לַעֲשׂוֹתָהּ,
בְּוַדַּאי לֹא הָיָה עוֹשֶׂה אוֹתָהּ.
וְעַל כֵּן כָּל דָּבָר שֶׁבִּקְדֻשָּׁה שֶׁהָאָדָם צָרִיךְ לַעֲשׂוֹת,
כְּגוֹן לִנְסֹעַ לְהַצַּדִּיק,
אוֹ שְׁאָר דָּבָר שֶׁבִּקְדֻשָּׁה שֶׁהָאָדָם צָרִיךְ לַעֲשׂוֹת,
נוֹתְנִין לוֹ מִתְּחִלָּה חֵשֶׁק, כְּדֵי שֶׁעַל יְדֵי זֶה יַעֲשֶׂה הַדָּבָר.

רבי נחמן מברסלב, ליקוטי מוהר"ן חלק א סו

וְיֵשׁ הַר וְעַל הָהָר עוֹמֵד אֶבֶן וּמִן הָאֶבֶן יוֹצֵא מַעְיָן
וְכָל דָּבָר יֵשׁ לוֹ לֵב
וְגַם הָעוֹלָם בִּכְלָלוֹ יֵשׁ לוֹ לֵב [...]
וְזֶה הָהָר עִם הָאֶבֶן וְהַמַּעְיָן הַנַּ"ל עוֹמֵד בְּקָצֶה אֶחָד שֶׁל הָעוֹלָם
וְזֶה הַלֵּב שֶׁל הָעוֹלָם עוֹמֵד בְּקָצֶה אַחֵר שֶׁל הָעוֹלָם
וְזֶה הַלֵּב הַנַּ"ל עוֹמֵד כְּנֶגֶד הַמַּעְיָן הַנַּ"ל
וְכוֹסֵף וּמִשְׁתּוֹקֵק תָּמִיד מְאֹד מְאֹד לָבוֹא אֶל אוֹתוֹ הַמַּעְיָן
בְּהִשְׁתּוֹקְקוּת גָּדוֹל מְאֹד מְאֹד וְצוֹעֵק מְאֹד לָבוֹא אֶל אוֹתוֹ הַמַּעְיָן
וְגַם זֶה הַמַּעְיָן מִשְׁתּוֹקֵק אֵלָיו.

רבי נחמן מברסלב, סיפורי מעשיות, מתוך מעשה משבעה קבצנים

בתשתית העולם מונח פער.
בין הנשמה לגוף, בין האדם לאלוהיו, בין האין־סופי לסופי.
הפער הזה מכונן את קיומנו ומוליד כיסופים, משיכה אין־סופית,
אש תמיד.
בחיים יש ברכה. אם אדם מוכן להיפתח אליה, השפע יגיע עדיו.
לא צריך לרדוף, לקחת בכוח, להתאוות.
לא לנסות לאחוז, להחזיק, אלא להתקרב מכוח הגעגוע.
ומה שמגיע - יגיע.

יש לנו כאן על פני האדמה משאב בלתי מוגבל של געגועים,
שאיפות, השתוקקות.
געגועי הלב וכיסופיו למעיין מקיימים את העולם.
למרות חוסר היכולת של הלב והמעיין להיפגש פיזית,
הם מצליחים להעביר ביניהם עוד יום,
להזין את הזמן בכוח געגועיהם.

יש מי שתחושת החיסרון מביאה אותו לעצבות, לשקיעה.
לעומתו המאמין מתמיר את הלב הנשבר לניגון כיסופים.
הניגון הוא מסירת החיסרון לה׳, בתנועה של התמסרות וגעגועים.
כיסופי הלב מביאים דווקא לשלום פנימי עם הקיים כעת.
קבלת החיסרון כדבר המובנה בתוך עצם ההוויה,
מוציאה ממנו במידה מסוימת את העוקץ.
אין צורך להכחיש את קיומו,
אך מסירת החיסרון לאל הופכת אותו כביכול ל׳בעיה שלו׳
ומאפשרת הרפיה
והתמקדות באופן ההתייחסות אל החיסרון,
שהוא המסור בידי האדם.

העצבות היא תולדה של החסר, של ההתבוננות במה שאין לי.
לעומתה הכיסופים מתעוררים דווקא מתוך השהות ביש.
כאשר אדם נמצא במלאות בתוך הרגע,
באופן טבעי מתגלה גם העתיד הטמון בתוך ההווה.
כמו שבתוך הגרעין טמון הפרי הבא,
כך ברגע הזה טמונים כל הרגעים הבאים.
מעין עולם הבא,
העולם ההולך ובא כל העת.

הלב והמעין

בעקבות סיפורו של רבי נחמן מברסלב על הלב והמעיין, מנסים להתבונן בלב ובמעיין שבנו:

אם אני 'כאן' - מה נמצא 'שָׁם' עבורי?

'שָׁם' = דבר שהוא בלתי מושג עבורי כרגע, אך הוא מתקיים בחיי באמצעות הכיסופים אליו.

החלומות שלנו, התפילות, הכיסופים, מגדירים אותנו לא פחות ממה שאנו עושים וממה שכבר ישנו בידינו.

מתוך ההתבוננות בלב ובמעיין, ב'כאן' וב'שם', מנסים לאסוף ולהעלות על הכתב געגועים הקיימים בחיינו כרגע.

רצון

לַמְּדֵנִי לַעֲשׂוֹת רְצוֹנֶךָ
כִּי אַתָּה אֱלוֹהָי רוּחֲךָ טוֹבָה
תַּנְחֵנִי בְּאֶרֶץ מִישׁוֹר.

תהילים קמג, י

הַתְּשׁוּבָה הַשְּׁרוּיָה בַּלֵּב תָּמִיד מְוַדֵּאת לָאָדָם
אֶת הָעֵרֶךְ הַגָּדוֹל שֶׁל הַחַיִּים הָרוּחָנִיִּים
וְהַיְסוֹד הַגָּדוֹל, שֶׁהָרָצוֹן הַטּוֹב הוּא הַכֹּל,
וְכָל הַכִּשְׁרוֹנוֹת שֶׁבָּעוֹלָם אֵינָם אֶלָּא מִלּוּאָיו,
נַעֲשֶׂה תֹּכֶן מֻטְבָּע בְּנַפְשׁוֹ עַל יְדֵי אוֹר הַתְּשׁוּבָה הַקָּבוּעַ בּוֹ,
וּמְמֵילָא חָל עָלָיו שֶׁפַע גָּדוֹל שֶׁל רוּחַ הַקֹּדֶשׁ בִּתְדִירוּת
וְרָצוֹן נִשְׂגָּב בִּקְדֻשָּׁה,
לְמַעְלָה מֵהַמִּדָּה הַקְּבוּעָה שֶׁל בְּנֵי אָדָם רְגִילִים, הוֹלֵךְ וּמִתְגַּבֵּר בּוֹ,
וְהוּא בָּא לְהַכִּיר אֶת הַטּוֹב הָאֲמִתִּי שֶׁל הַהַצְלָחָה הַגְּמוּרָה
שֶׁאֵינָהּ תְּלוּיָה כִּי אִם בָּאָדָם עַצְמוֹ,
וְלֹא בְּשׁוּם תְּנַאי חִיצוֹנִי, וְהוּא רַק הָרָצוֹן הַטּוֹב.
וְהַצְלָחָה זוֹ הִיא הָאֹשֶׁר הַגָּדוֹל מִכָּל אוֹצָרוֹת וּסְגֻלּוֹת,
וְרַק הִיא מְאַשֶּׁרֶת אֶת כָּל הָעוֹלָם וְאֶת כָּל הַמְּצִיאוּת.
כִּי הָרָצוֹן הַטּוֹב, הַשּׁוֹרֶה בַּנְּשָׁמָה תָּדִיר,
מְהַפֵּךְ הוּא אֶת כָּל הַחַיִּים וְהַמְּצִיאוּת לְטוֹבָה,
וּמִתּוֹךְ הָעַיִן הַטּוֹבָה, שֶׁהוּא מַבִּיט אָז עַל יָדָהּ בַּאֲמִתַּת הַמְּצִיאוּת,
פּוֹעֵל הוּא עַל הַמְּצִיאוּת וְעַל אָרְחוֹת הַסִּבּוּךְ

שֶׁכַּחַיִּים שֶׁיָּצְאוּ מִכְּלַל קִלְקוּלָם,
וְהַכֹּל פּוֹרֵחַ וְחַי בְּאֹשֶׁר,
מִתּוֹךְ הָעֹשֶׁר וְהַשֹּׂבַע הַנִּשְׁמָתִי שֶׁבָּרָצוֹן הַטּוֹב.
וְתוֹרָה זוֹ, שֶׁכָּל שְׁאֵלוֹת הָעוֹלָמִים תְּלוּיוֹת רַק בָּרָצוֹן הַטּוֹב,
מִתְפַּשֶּׁטֶת בָּעוֹלָם עַל יְדֵי מָרֵי דִתְיוּבְתָּא,
שֶׁתֹּכֶן הַתְּשׁוּבָה הִיא מַשְׂאַת נַפְשָׁם הַתְּדִירָה.
וּמִתּוֹךְ כָּךְ הוֹלֵךְ, בֶּאֱמֶת, הָרָצוֹן וְנַעֲשֶׂה עָדִין וָטוֹב,
וְהָעוֹלָם הוֹלֵךְ וּמִתְבַּסֵּם.

הראי"ה קוק, אורות התשובה פרק ט

רַק הָעִקָּר הוּא הָרָצוֹן,
לִהְיוֹת רְצוֹנוֹ חָזָק וְתַקִּיף תָּמִיד לְהִתְקָרֵב אֵלָיו יִתְבָּרַךְ.
וְאַף־עַל־פִּי שֶׁהַכֹּל חֲפֵצִים וְרוֹצִים לְעָבְדוֹ,
אַף־עַל־פִּי־כֵן אֵין כָּל הָרְצוֹנוֹת שָׁוִין.
וְיֵשׁ חִלּוּקִים רַבִּים בָּרָצוֹן.
אֲפִלּוּ בְּאָדָם אֶחָד בְּעַצְמוֹ בְּכָל עֵת וּבְכָל רֶגַע
יֵשׁ חִלּוּקִים גְּדוֹלִים בֵּין הָרְצוֹנוֹת.
וְהַכְּלָל, שֶׁעִקָּר הוּא הָרָצוֹן וְהַכִּסּוּפִין
שֶׁיִּהְיֶה כּוֹסֵף תָּמִיד אֵלָיו יִתְבָּרַךְ,
וּבְתוֹךְ כָּךְ מִתְפַּלְּלִין וְלוֹמְדִין וְעוֹשִׂין מִצְווֹת.

רבי נחמן מברסלב, שיחות הר"ן נא

לעיתים אנו מתבלבלים בין רצון לבין כוח רצון.
אבל יש רצון בלי כוח. רצון שנובט בשקט.
ה'אני' מונח כמו גרגר שעועית על גבי צמר גפן,
וכשהוא מרגיש מספיק בטוח הוא מתחיל לנבוט, לבקוע.

יש באדם כוחות צמיחה טבעיים,
הוא רוצה לגדול, רוצה להביע את עצמו.
הרצון נובע משקט פנימי.
תנועת הצמיחה היא כמו נביעה,
מעין תזוזה לא תזזיתית.

הגדילה הפנימית קשורה לאמון בכוחות הצמיחה הטמונים באדם
ובכך שהם יתגלו בזמנם.
כמו הזרע הנרקב באדמה, מכוסה כולו וברגע מסוים נובט,
מגיח מעל פני הקרקע,
מתן האמון במציאות מאפשר לנו להביט עליה
במבט שרואה מעבר לנגלה לעין,
אל הנבט הטמון בה ומחכה לזמנו.

ההבנה הזו מזמינה לסבלנות והאטה.
לא כל מה שלא הולך בכוח ילך ביותר כוח.
יש לכבד את הקצב הטבעי.
כמו בחקלאות האורגנית,
הדגש ניתן על הדאגה לסביבת הצמח, לטיב האדמה ואיכותה
על פני עיסוק ישיר במחלות ובמזיקים.
החיוניות שבאדמה תגבר על השלילה ותדחה אותה.
יש לחזק את כוחות החיים ולהאמין בהם.

האמון ברצון ובכוחות הצמיחה הטבעיים הטמונים באדם
אין פירושו ויתור על הישגים
או על מאמץ להגיע לפירות ולעמוד ביעדים
אלא מציאת איזון פנימי בין הדחיפה קדימה להרפיה
כמו סירת מפרש המצוידת גם במדחף
והספן עובר בין שניהם
לפי הצורך ומצב הרוח,
או רכב ולו מנוע היברידי
והוא נוסע בכוחות עצמו
אך לעיתים יש ללחוץ על דוושת הגז
כך גם האדם צריך להיות קשוב
לתנועה הפנימית ולמקצב הדרכים במסעו בעולם.

ליילד רצון

יושבים יחד, בזוג. הגוף פונה אל השני בהקשבה, העיניים מביטות, קשובות.

האחד משתף את חברו בתפילה שהוא נושא בעת האחרונה, בבקשה שיש לו, ברצון פנימי.

המקשיב מנסה לברר עם המשתף את עומק הרצון שלו, מסייע לו 'ליילד' ולגבש את תפילתו המדויקת.

מתוך ההקשבה לרצון הראשוני וההעמקה במה שעומד בבסיסו, ניתן לגלות את עומק הרצון, ולרגע לראות את הדברים מנקודת המבט של הנשמה.

בכולנו טמונים מעין 'נבטי רצון'. הבירור המקשיב מסייע לגלות ולהעיר אותם בתוכנו.

- למשל:

"אני רוצה פחות לכעוס על הסובבים אותי".

"כך ש...?"

"אני אהיה רגוע יותר".

"ואז...?"

"אני אוכל להתייחס אליהם באופן יותר אמיתי וקרוב".

"כך ש...?"

"אני אצליח לבטא את הרגשות האמיתיים שלי כלפיהם".

"ומה יקרה אז?"

"אני אהיה פחות שיפוטי גם כלפי עצמי, ואוכל לחיות את חיי באופן נינוח יותר. ארגיש שהחיים שלי יותר מדויקים ואני חי כפי שאני רוצה לפעול מתוכם".

- דוגמה נוספת:

"אני רוצה לסיים את הלימודים".

"כך ש...?"

"יהיה לי יותר פנאי".

"וכשיהיה לך יותר פנאי, מה זה יאפשר לך?"

"אני ארגיש שאני לא רצה כל הזמן".

"ואז...?"

"אני ארגיש יותר שלמה עם עצמי".

פעמים רבות נוכל לגלות כי אותה בקשה אצל שני אנשים שונים, כאשר נרד לשורשה, יסתבר שהיא בעלת משמעות אחרת אצל כל אחד מהם.

שמחה

כִּי בְשִׂמְחָה תֵצֵאוּ וּבְשָׁלוֹם תּוּבָלוּן
הֶהָרִים וְהַגְּבָעוֹת יִפְצְחוּ לִפְנֵיכֶם רִנָּה
וְכָל עֲצֵי הַשָּׂדֶה יִמְחֲאוּ כָף.

ישעיהו נה, יב

אַךְ דַּע, שֶׁעַל־יְדֵי מָרָה־שְׁחוֹרָה אִי אֶפְשָׁר לְהַנְהִיג אֶת הַמֹּחַ כִּרְצוֹנוֹ,
וְעַל־כֵּן קָשֶׁה לוֹ לְיַשֵּׁב דַּעְתּוֹ.
רַק עַל־יְדֵי הַשִּׂמְחָה יוּכַל לְהַנְהִיג הַמֹּחַ כִּרְצוֹנוֹ,
וְיוּכַל לְיַשֵּׁב דַּעְתּוֹ,
כִּי שִׂמְחָה הוּא עוֹלַם הַחֵרוּת,
בִּבְחִינַת (ישעיהו נה יב): "כִּי בְשִׂמְחָה תֵצֵאוּ",
שֶׁעַל־יְדֵי שִׂמְחָה נַעֲשִׂין בֶּן־חוֹרִין וְיוֹצְאִין מִן הַגָּלוּת.

רבי נחמן מברסלב, ליקוטי מוהר"ן חלק ב י

וְכֵן בְּעִנְיַן הַשִּׂמְחָה,
בִּפְרָט בִּשְׁעַת הַתְּפִלָּה שֶׁצְּרִיכִין שֶׁתִּהְיֶה הַתְּפִלָּה בְּשִׂמְחָה גְּדוֹלָה
וּצְרִיכִין לְהַכְרִיחַ עַצְמוֹ לְשַׂמֵּחַ עַצְמוֹ
בְּכָל מַה שֶּׁיָּכוֹל כְּדֵי לִזְכּוֹת לְשִׂמְחָה וּבִפְרָט בִּשְׁעַת הַתְּפִלָּה [...]
וְאִם לִפְעָמִים דַּעְתּוֹ מְבֻלְבָּל וְאֵינוֹ יָכוֹל בְּשׁוּם אֹפֶן לְשַׂמֵּחַ עַצְמוֹ,
אָז עֲצָתוֹ שֶׁיַּעֲשֶׂה עַצְמוֹ כְּאִלּוּ הוּא שָׂמֵחַ,
וְאַף עַל פִּי שֶׁבִּתְחִלָּה עֲדַיִן אֵין הַשִּׂמְחָה בֶּאֱמֶת בַּלֵּב,
אַף עַל פִּי כֵן עַל יְדֵי שֶׁעוֹשֶׂה עַצְמוֹ כְּאִלּוּ הוּא שָׂמֵחַ

עַל יְדֵי זֶה יִזְכֶּה אַחַר כָּךְ בֶּאֱמֶת לְשִׂמְחָה
וְעֵצָה זֹאת הִיא עֵצָה גְּדוֹלָה מְאֹד
גַּם בְּכָל הַדְּבָרִים שֶׁבִּקְדֻשָּׁה שֶׁבִּתְחִלָּה צְרִיכִין לַעֲשׂוֹת עַצְמוֹ
כְּאִלּוּ הוּא לָהוּט אַחַר אוֹתוֹ הַדָּבָר שֶׁבִּקְדֻשָּׁה
וְאַחַר כָּךְ זוֹכִין בֶּאֱמֶת לָזֶה וְהָבֵן מְאֹד.

רבי נחמן מברסלב, שיחות הר"ן עד

וְהָעִקָּר לִהְיוֹת בְּשִׂמְחָה תָּמִיד וִישַׂמַּח עַצְמוֹ בְּכָל מַה שֶּׁיּוּכַל,
וַאֲפִלּוּ עַל יְדֵי מִלֵּי דִּשְׁטוּתָא,
לַעֲשׂוֹת עַצְמוֹ כְּשׁוֹטֶה וְלַעֲשׂוֹת עִנְיְנֵי שְׁטוּת וּצְחוֹק
אוֹ קְפִיצוֹת וְרִקּוּדִים,
כְּדֵי לָבוֹא לְשִׂמְחָה, שֶׁהוּא דָּבָר גָּדוֹל מְאֹד.

רבי נחמן מברסלב, ליקוטי מוהר"ן חלק ב מח

אנחנו רגילים לחשוב בצורה סיבתית:
דבר אחד גורם לדבר שני
כך פועלים חוקי הטבע
וכך אנו מביטים גם על טבע האדם, על נפשנו
אני עצוב כי קרה לי כך וכך
אני שמחה כי קרה לי כך וכך
אבל רבי נחמן אומר שהשמחה היא מעולם אחר.
השמחה היא מעולם החירות
לא תלויה בדבר, לא אחוזה בדבר
אנחנו משוחררים לבחור בה, להתמסר אליה.

כִּי בְשִׂמְחָה תֵצֵאוּ
לא נשמח אם נצא, אלא נשמח וכך נצא:
השמחה אינה תוצאה של הדברים הטובים
אלא להפך,
היא מזמינה ומעוררת את הטוב.
מצב הרוח שלי לא חייב להיות תלוי במציאות החיצונית.
אני לא חייב לשמֵר את הפרצוף העצוב,
את הכעס או העלבון
אני בעולם החירות.
כניסה למצב משוחרר של התודעה
מחברת אותנו למשאבים הפנימיים בתוכנו
שניתן דרכם להגיע לשמחה, לבחור בה
זו בחירה שאינה מתוך אטימות למה שקורה סביבנו
אלא מתוך היזכרות שהמציאות אינה קשיחה, על כן לא חייבים
לאחוז בה

הכול יכול להשתנות, וגם אני וחיי
אפשר להשתחרר מהתלות בין מה שקורה סביבי למה שקורה בי
אני יכול להיות חופשי
לשמוח.

תודה – שער לשמחה

לעיתים ביכולתנו למשוך את השמחה אל הרגע הנוכחי. העצבות קשורה פעמים רבות בתחושת חסר, בעוד שהשמחה, שמקורה בעולם החירות היא היכולת לחוות כאילו מה שאנו מצפים לו כבר נמצא כאן.

על מנת להביא את השמחה מהעתיד אל ההווה, ננסה להתמלא ברגש של הכרת תודה. אמנם חסר לנו כך וכך, אך בעומק הדברים יש לנו הכול. זוהי הזדמנות לפקוח את העיניים אל היש: כמה ברכה וטוב קיימים כאן ועכשיו.

התודות הנאספות מזכירות לנו, גם ברגעים קשים, שאיננו מתמוטטים, שהכוס אינה ריקה. יש לנו. יש בכך מן הטעם של העולם הבא. התודעה שיש לנו הכול יכולה לשחרר אותנו מהתלות במציאות הנגלית, במחשבה שרק אם יהיה לי כך וכך או יקרה כך וכך אוכל לשמוח.

1. עורכים רשימה של חמישה דברים שאתם מודים עליהם ברגע זה.
2. מנסים לחוש: כיצד הכרת התודה משנה את נקודת המבט שלכם על המצב הנוכחי?

מילי דשטותא

עצתו של רבי נחמן מברסלב לשמח את עצמנו באמצעות "מילי דשטותא" (דברים של שטות) מכוונת לפריעת הסדר הקיים. מטרתה להכניס ממד של הפתעה, שעשוע וחופש לחיינו.

דוגמאות למילי דשטותא:

- לקפוץ על רגל אחת
- לרקוד עם מוזיקה משמחת.
- לתת לשמחה לעבור דרך הקול, להוביל אותו לניגון של שמחה: אישי, מקורי וספונטני.
- לספר בדיחה (אפילו גרועה!)
- להגיש את המנה האחרונה בתחילת הסעודה
- לעשות פרצוף מצחיק מול המראה
- לצאת מהחדר ולהפתיע את כולם בארטיקים

שינוי הסדר משחרר אותנו מהתלות בסיבתיות הנוקשה של הטבע ומאפשר לנו לחוות רגעים של שמחה ספונטנית.

בוחרים אחת מהדוגמאות או ממציאים "מילי דשטותא" משלכם.
מבצעים את הפעולה שבחרתם.

שמים לב: כיצד זה משפיע על מצב הרוח שלכם? של הסובבים אתכם?

יישוב הדעת

מַה שֶּׁהָעוֹלָם רְחוֹקִים מֵהַשֵּׁם יִתְבָּרַךְ וְאֵינָם מִתְקָרְבִים אֵלָיו יִתְבָּרַךְ,
הוּא רַק מֵחֲמַת שֶׁאֵין לָהֶם יִשּׁוּב־הַדַּעַת, וְאֵינָם מְיַשְּׁבִין עַצְמָן.

רבי נחמן מברסלב, ליקוטי מוהר"ן חלק ב י

צָרִיךְ לָזֶה זְכִיָּה גְּדוֹלָה שֶׁיִּזְכֶּה לְיַשֵּׁב עַצְמוֹ שָׁעָה אַחַת בַּיּוֹם [...]
כִּי לָאו כָּל אֶחָד זוֹכֶה לְיַשֵּׁב הַדַּעַת אֵיזֶה שָׁעָה בַּיּוֹם,
כִּי הַיּוֹם הוֹלֵךְ וְחוֹלֵף וְעוֹבֵר אֶצְלוֹ
וְאֵין לוֹ פְּנַאי לְיַשֵּׁב עַצְמוֹ אֲפִלּוּ פַּעַם אַחַת כָּל יְמֵי חַיָּיו.

רבי נחמן מברסלב, שיחות הר"ן מז

רִבּוֹנוֹ שֶׁל עוֹלָם,
זַכֵּנִי לְיַשֵּׁב דַּעְתִּי הֵיטֵב בְּזֶה הָעוֹלָם בְּזֶה הַגּוּף חִישׁ קַל מְהֵרָה,
שֶׁאֶזְכֶּה לְיַשֵּׁב דַּעְתִּי הֵיטֵב מָה הַתַּכְלִית וְהַסּוֹף
מִכָּל הַתַּאֲווֹת וּמִכָּל עִנְיְנֵי עוֹלָם הַזֶּה, [...]
וְאֶזְכֶּה לְהִסְתַּכֵּל עַל תַּכְלִיתִי הָאֲמִתִּי הֵיטֵב
בְּיִשּׁוּב הַדַּעַת חָזָק בֶּאֱמֶת,
וְלֹא אַטְעֶה אֶת עַצְמִי כְּלָל בְּזֶה הָעוֹלָם,
כִּי אַתָּה יָדַעְתָּ כִּי כָּל הִתְרַחֲקוּתֵנוּ מִמְּךָ
הִיא מֵחֲמַת שֶׁאֵין אָנוּ מְיַשְּׁבִין עַצְמֵנוּ כְּלָל [...]
וְעַל כֵּן אִם הָיִינוּ זוֹכִים לְיַשֵּׁב עַצְמֵנוּ הֵיטֵב,
בְּוַדַּאי הָיִינוּ שָׁבִים אֵלֶיךָ בֶּאֱמֶת לַאֲמִתּוֹ.

רבי נתן מברסלב, ליקוטי תפילות חלק ב י

לעיתים קרובות דעתנו מוסחת, מפוזרת. המחשבות נודדות.
אנחנו שולפים את הטלפון, מכינים עוד קפה, מביטים בשעון.
יש מי שחיים שלמים עוברים עליו בלי רגע של יישוב הדעת.
הדעת חומקת והולכת לכל עבר ואין לאדם רגע פנאי לעצור
ולראות מה שלומו.
יישוב הדעת הוא החזרתה של הדעת לשכון בתוכנו.
לאסוף את נִידָּחינו.
לכמה רגעים להצליח להתכנס, לשבת בשקט.
בלי לקפוץ החוצה, בלי לחפש תשובות לשאלות.
הכול פה.
להושיב את הדעת בתוכי. להתחבר מחדש לתדר הפנימי.
אני כאן, הכול כאן.
מתוך אותה קבלה עצמית בסיסית האדם פנוי כעת לפעול במה
ששייך לו,
לקבל את מקומו, להאמין שמה שמגיע - מגיע.
יישוב הדעת מאפשר לאדם להמתין, לתת לדברים להגיע בזמנם.

ההחזרה של האדם את עצמו למקומו מאפשרת להגדיל את הדעת.
להגדיל את המודעות שלנו, מתוך התקשרות והתחברות.
ליישב את הדעת משמעו לעצור לרגע מהריצה היומיומית ולעלות
לקומה עליונה יותר,
מעולם המעשה לעולם המחשבה.
להסדיר את הנשימה, לכייל את המצפן הפנימי.
כשאדם מיישב את הדעת הוא חוזר בחזרה לציר שלו,
מאזן את הכוחות, מזהה את החריגוֹת.

כאשר מרפים לרגע מן האחיזה בעולם המעשי, המציאותי,
מתחיל לצוף מן המעמקים חיבור אל ה'אני', מי אני ולאן אני הולך.
מתחדשת ההתקשרות הפנימית אל החיים.
לעיתים יישוב הדעת מתחיל דווקא מתוך רגע של בהייה.
בוהו = בו הוא.
שם יש איזו מציאה, רגע של התקשרות, רגע של דעת.

התבוננות

קובעים מראש זמן ומקום לכמה רגעים של יישוב הדעת. כדאי לפנות זמן ביומן ולהקדיש מחשבה על המקום המתאים, בו ניתן להתפנות מכל העיסוקים ואף לקבל השראה ומנוחה.

את הדקות הראשונות מקדישים להרפיית הגוף מאחיזתו, מהמקומות התפוסים שבו ולנסות לפנות את הראש מהמחשבות הטורדניות. מנסים להגיע למקום של 'בוהו', בהייה ומעט הרפיית האחיזה בעולם המציאותי כדי להגיע ל'בו הוא', אז מתחילות לצוף תובנות ממקום תחוח יותר. כאשר מגיעים למצב של רוך ולפניות.

ניתן להתבונן בחיים בכללותם ולשאול עליהם 'שאלות גדולות' - מאין ולאן ולפני מי, אך ניתן גם לשאול שאלות קטנות יותר על המעשים של היום, של אתמול ושל מחר: האם הם מבטאים את רצונותיי? האם אני פועל מתוך חיבור או מתוך פחדים, אילוצים או סיבות אחרות? מה יסייע בידי לעשות שינוי קטן שהוא שינוי גדול?

ניתן בסיום להעלות את הדברים על הכתב כדי לחזק את השפעתם הלאה.

האטה

תנו רבנן: שישה דברים גנאי לו לתלמיד־חכם [...] ויש אומרים:
אף לא יפסיע פסיעה גסה,
דאמר מר: פסיעה גסה נוטלת אחד
מחמש מאות ממאור עיניו של אדם.
מה תקנתו? יחזירנו בקידוש של ליל שבת.

בבלי ברכות מג, ב

דַּע כִּי אֲכִילַת שַׁבָּת אֵינָהּ בִּשְׁבִיל שְׂבִיעָה כְּלָל
רַק בְּגִין דְּיִתְבָּרְכוּן כֻּלְּהוֹ שִׁתָּא יוֹמִין, כַּמּוּבָא בַּזֹּהַר (יתרו פח)
כִּי מֵאֲכִילַת שַׁבָּת נִשְׁפָּעִין וְנִתְבָּרְכִין כָּל שֵׁשֶׁת הַיָּמִים
כִּי עִקַּר הַשְּׂבִיעָה בְּשַׁבָּת
כִּי סוּמָא אֵין לוֹ שֹׂבַע
כְּמוֹ שֶׁלָּמְדוּ רַבּוֹתֵינוּ, זִכְרוֹנָם לִבְרָכָה (יומא עד:)
מִפָּסוּק "הַמַּאֲכִילְךָ מָן בַּמִּדְבָּר לְמַעַן עַנֹּתְךָ" וְכוּ'
וּפְסִיעָה גַּסָּה נוֹטֶלֶת מְאוֹר עֵינָיו שֶׁל אָדָם
וּמְהַדֵּר לֵהּ בְּקִדּוּשָׁא דְּבֵי שִׁמְשֵׁי (ברכות מג:)
נִמְצָא שֶׁעִקַּר שְׁלֵמוּת מְאוֹר עֵינַיִם הוּא בְּשַׁבָּת וְעַל כֵּן אָז הַשְּׂבִיעָה,
כִּי הַשְּׂבִיעָה עַל יְדֵי רְאִיַּת עֵינַיִם כַּנַּ"ל
וְזֶה פּוֹסְעִים בּוֹ פְּסִיעָה קְטַנָּה סוֹעֲדִים בּוֹ לְבָרֵךְ שָׁלֹשׁ פְּעָמִים
הַיְנוּ שֶׁבְּשַׁבָּת פּוֹסְעִים פְּסִיעָה קְטַנָּה
שֶׁעַל יְדֵי זֶה הַמְּאוֹר עֵינַיִם בִּשְׁלֵמוּת שֶׁעַל יְדֵי זֶה הַשְּׂבִיעָה כַּנַּ"ל
וְעַל כֵּן מַה שֶּׁסּוֹעֲדִים בּוֹ שָׁלֹשׁ פְּעָמִים הוּא רַק לְבָרֵךְ,

דְּהַיְנוּ בְּגִין דְּיִתְבָּרְכוּן כָּל שִׁתָּא יוֹמִין כַּנַּ"ל
אֲבָל בִּשְׁבִיל שַׁבָּת עַצְמוֹ לֹא הָיָה צָרִיךְ לֶאֱכֹל כָּל כָּךְ שָׁלֹשׁ פְּעָמִים
כִּי בְּשַׁבָּת הַשְּׁבִיעָה, רַק הוּא לְבָרֵךְ כַּנַּ"ל.

רבי נחמן מברסלב, ליקוטי מוהר"ן חלק א רעו

אדם פוסע בעולם בפסיעות גסות.
מותח את רגליו קדימה כחץ שלוח. חורג מעבר למידה.
תמיד ממהר, רוצה להשיג, רוצה להגיע.
הפסיעה הגסה נוטלת את מאור עיניו.
מרוב שהיה עסוק בריצה, ביעד, לא הבחין בכל מה שסביבו.
מי שינסה להשיג יותר, יגלה שנשאר בסוף עם פחות.
נשאר עם אי שקט, עם תחושת החמצה תמידית וניכור כלפי
ממשות החיים.
במרוצתנו אנו נתקלים לעיתים בפסי האטה, הם קוראים לנו:
הי, אתה!
מזכירים לנשום, להביט סביב, להקטין את הצעד.

בשבת חוזר האור לעיניים.
וַיְכֻלּוּ הַשָּׁמַיִם וְהָאָרֶץ. הכול כבר כאן.
אפשר לפסוע בנחת, בצעדי טיול שיש בהם הנאה ונינוחות.
לחיים יש את הקצב שלהם.
אי אפשר לדחוק את השעה, כל דבר יגיע בעתו.
האם נוכל למשוך את אור השבת גם אל ימות החול,
להקטין את פסיעותינו, לרכך את המירוץ. להאט.

ימי האטה

למשך שבוע אחד מנסים להאט את קצב החיים, להקטין את הצעדים, להיות ב'ימי האטה'.

מסירים את השעון ומתמקדים בנוכחות מודעת בכל פעולה, מתוך ויתור על תחושת הדחיפות והמשימתיות.

בכל יום בוחרים פעולה אחת אותה עושים לאט יותר מהרגיל:

תפילה, אכילה, הליכה, שיחת טלפון, או סיפור לילדים, בכל יום מאמצים פעולה אחרת שמשתדלים להיות שקועים בה לחלוטין ולבצע אותה מתוך האטה.

מנסים למצוא משמעות בכל פעולה כשלעצמה, ולא רק כאמצעי להגיע ליעד הבא.

בסוף כל יום, רושמים תובנות: כיצד השפיעה ההאטה על חוויית היום שלכם? האם גיליתם דברים חדשים על עצמכם או על סביבתכם?

הרפו ודעו

הַרְפּוּ וּדְעוּ כִּי אָנֹכִי אֱלֹהִים אָרוּם בַּגּוֹיִם אָרוּם בָּאָרֶץ.

תהילים מו, יא

כִּי עִקַּר חִיּוּת וְהַהִתְחַזְּקוּת שֶׁל הָרְחוֹקִים מְאֹד
שֶׁנָּפְלוּ לִמְקוֹמוֹת כָּאֵלּוּ שֶׁהֵם מִבְּחִינַת חָלָל הַפָּנוּי כַּנַּ"ל
עִקַּר הַחִיּוּת שֶׁלָּהֶם הוּא בִּבְחִינַת רְכִיכָא,
כִּי אֵין רוֹאִין שָׁם שׁוּם אוֹר
וְהוּא דַּק מִן הַדַּק וְהוּא נִדְחֶה וְנִתְעַלֵּם בִּפְנֵי כָּל הַנִּכְנָס לְשָׁם
כְּדֶרֶךְ דָּבָר הָרַךְ שֶׁנִּדְחֶה בִּפְנֵי כֹּל.
וְשָׁם דַּיְקָא זֶהוּ עִקַּר הַהִתְחַזְּקוּת עַל יְדֵי בְּחִינַת רְכִיכָא הַנַּ"ל
שֶׁהוּא בְּחִינַת: "הַרְפּוּ וּדְעוּ כִּי אָנֹכִי אֱלֹהִים" וכו',
וְעַל זֶה אָמְרוּ רַבּוֹתֵינוּ זִכְרוֹנָם לִבְרָכָה,
לְעוֹלָם יְהֵא אָדָם רַךְ כַּקָּנֶה וְאַל יְהְיֶה קָשֶׁה כָּאֶרֶז,
כִּי קָנֶה אֲפִלּוּ כָּל הָרוּחוֹת שֶׁבָּעוֹלָם אֵין יְכוֹלִין לַהֲזִיזוֹ מִמְּקוֹמוֹ,
דַּיְקָא עַל יְדֵי זֶה שֶׁהוּא רַךְ וְנִכְפָּף בִּפְנֵי כֹּל
וְאַף עַל פִּי כֵן הוּא חָזָק וְאַמִּיץ מְאֹד בְּשָׁרְשׁוֹ
וְאֵין יְכוֹלִין הָרוּחוֹת לְעָקְרוֹ מִמְּקוֹמוֹ,
מַה שֶּׁאֵין כֵּן אִם הָיָה קָשֶׁה כָּאֶרֶז.

רבי נחמן מברסלב, משיבת נפש אות מב

אחד הדברים המרכזיים שמפריעים לאדם להיות בנוכחות מלאה,
הוא ההרגשה שתמיד יש משהו שמחכה מעבר לפינה,
תמיד יש 'שָׁם' להגיע אליו.
מגיל קטן אנו שומעים את הדרבון לעשות יותר, להיות יותר,
להתאמץ.
עוד לא התקיימה אספת ההורים שבה אמרו שהילד מתאמץ יותר
מדי.
אבל למאמץ המתמיד, לחוסר הנחת וקוצר הרוח יש מחירים.
יש סוג של הישגיות הגורמת לאדם כביכול להשיג את עצמו.

אל מול המנוע ההישגי רב העוצמה ישנו מנוע אחר.
מנוע שקט, טבעי, של החיים עצמם,
של כוחות הצמיחה וההתקדמות הטבעיים שבהם.
הרפו ודעו.
ההרפיה לא מולידה רק שחרור וקבלה עצמית
אלא היא מנוע של גילוי, של ידיעה והתבהרות.
פעולה בעולם מתוך אורך רוח ואמונה
מאפשרת להיות בעין טובה על עצמי ועל מעשי,
מתוך הבנה שהכול מושגח, שהטוב הוא כאן ממש.

ההרפיה קשורה גם בהימנעות מאחיזה, מעקשנות.
לעבור מעמדה של 'או או', למקום של 'גם וגם'.
היא מאפשרת להישאר בחיבור אל הרוח,
שיש בה תנועה ושינוי ואינסוף אפשרויות.
כמו סירת מפרשים הממלאת את מפרשיה ברוח וכך שטה לדרכה
אנו בתוך המציאות, קשובים לה, משוחחים עימה,
זוכרים שלא כל בעיה זקוקה לפתרון,

יש בעיה שמחכה להפוך ל'בעיא', שמשמעותה בארמית 'בקשה', מבקשת רכות והרפיה שדווקא מכוחן השורשים מתארכים.

לעולם יהא אדם רך כקנה ואל יהא קשה כארז.
התורה הנצחית נכתבת בקנה הרך
המגשר בעדינותו ובגמישותו
בין הדיבור האלוהי למילים הכתובות.
תנועת ההרפיה מביאה עימה רוך,
דווקא הרכות, היכולת להתכופף,
להיאזר בסבלנות
מביאה לעמידות ולחוסן פנימי.

עוצמת הרכות

בוחרים משפט או אמירה שאתם נוהגים לומר לעצמכם או לאחרים, שיש בו אלמנט של נוקשות או שיפוטיות. לדוגמה: "אני חייב להצליח בכל מה שאני עושה" או "אסור לי לעשות טעויות". עומדים בתנוחה מתוחה ונוקשה - כתפיים מורמות, אגרופים קמוצים, פנים מכווצות. אומרים את המשפט בקול רם, בטון תקיף ונחרץ.

כעת, לוקחים נשימה עמוקה ומשחררים את כל המתח מהגוף. מרפים את הכתפיים, פותחים את הידיים, משחררים את שרירי הפנים. תוך כדי תנועה רכה וזורמת של הגוף, כמו ריקוד איטי או תנועת גלים, אומרים שוב את אותו המשפט, אבל הפעם מנסים לשנות אותו למשהו רך יותר, מקבל יותר. לדוגמה: "אני משתדל לעשות כמיטב יכולתי" או "אני לומדת מהטעויות שלי".

שמים לב להבדל בתחושה הפנימית בין שתי האמירות. איך הגוף מגיב? מה ההרגשה שמתעוררת?

ניתן לחזור על התרגיל עם משפטים שונים, ולהתנסות במעבר ממקום נוקשה לרך, בתנועה הפנימית הגמישה.

ההרפיה שבשכיבה

העמידה של האדם היא חלק מהווייתו כשליט. בשכיבה יש באופן טבעי הרפיה מעמדה זו, פיזית והכרתית. מתנסים בהרפיה שבשכיבה. שוכבים על מצע נוח - מזרון או שטיח. נושמים נשימות עמוקות, מרפים את הגוף. שואלים: מה אני רואה כעת, בשכבי, שלא ראיתי קודם? מה נקודת המבט הזו מבקשת לומר, לספר לי, ללמד אותי?

כאן

תניא אמרו עליו על הלל הזקן כשהיה שמח
בשמחת בית השואבה אמר כן:
אם אני כאן הכל כאן ואם איני כאן מי כאן
הוא היה אומר כן: מקום שאני אוהב שם רגלי מוליכות אותי
אם תבוא אל ביתי אני אבוא אל ביתך
אם אתה לא תבוא אל ביתי אני לא אבוא אל ביתך
שנאמר "בכל המקום אשר אזכיר את שמי אבוא אליך וברכתיך".

בבלי סוכה נג ע"א

ה' מעון אתה היית לנו.
אמר רבי אין אנו יודעים אם הקב"ה מעונו של עולם
ואם העולם מעונו.
בא משה ופירש (דברים לג כז) "מעונה אלוהי קדם". [...]
אמר רב הונא בשם רבי אמי ולמה מכנין שמו של הקב"ה מקום.
שהוא מקומו של עולם שנאמר "הנה מקום אתי".

מדרש תהילים צ

מקום מנוחתנו הוא רק באלוהים.

הראי"ה קוק, אורות, זרעונים א

אדם מחפש אחר מקום: בית, שייכות, מנוח לכף רגלו
רבות מן השאלות שמעסיקות אותנו קשורות בחיפוש המקום:
היכן לגור? איפה לעבוד?
לעיתים החיפוש גורם לנדודים תמידיים,
לחוסר נחת ולהשוואה בלתי פוסקת
אך יש סוד גדול ביכולת להיות על מקומך ומשם להתפתח.
המחשבה שצריך לזוז בשביל לזוז היא מוטעית.
אדם יכול להיות שנים רבות ראותו מקום
ובתוכו להיות בתנועה וצמיחה מתמדת.
להיות כאן משמעו להיות בנכונות לנוכחות
לקבל את מקומי
אני כאן ועכשיו
זו המציאות, כפי שהיא.
ואני בה, אני בתוכה,
פועל בתוכה ומתוכה מתוך קשב פנימי
משתנה איתה ומשנה אותה גם יחד.

על ארון הברית נאמר "מקום ארון אינו מן המידה",
פלא של קיום שהוא מעבר למרחב הפיזי.
אחד משמותיו של הקב"ה הוא 'המקום'
מי שהוא מקומו של עולם ואין העולם מקומו.
כך גם אנו הדבקים במידותיו,
ננסה להיות בבחינת 'מעט המחזיק את המרובה',
להיות במקום ולהתרחב מתוכו גם יחד
לזכור כי יש כאן עוד, יש לאן להתקדם, לנוע, לרקוד
החיפוש אחר מקום יכול להפוך לבקשה אחר המפגש -
בין הפיזי לרוחני, הסופי לאין־סופי, האין והיש.

האם הבית הוא מקום למנוחה, להתמקמות והתאבנות
או שהוא הופך לשדה תעופה,
מקום שממנו ממריאים, בתנועה מתמדת
אל עבר המרחב הבא.

הרחבת החושים

יושבים במקום מוכר ואהוב. חדר בבית, גינה, מרפסת. מתבוננים סביב מתוך ניסיון להגברת תשומת הלב לקיים. משתדלים להרחיב את החושים ולחוות את הישיבה במקום המסוים בכל מאודנו.

שואלים: מה יש כאן שעוד לא שמתי לב אליו? מה אני רואה שלא ראיתי קודם?

הגברת תשומת הלב יכולה לפקוח את עינינו לראות שגם מה שנראה סופי הוא אין־סופי. תמיד אפשר להעמיק ולהתרחב, תמיד יש מה לגלות. כך גם במקומות שאנו מצויים בהם, וגם באנשים הסובבים אותנו.

מקום

וַיֹּאמֶר ה' הִנֵּה מָקוֹם אִתִּי וְנִצַּבְתָּ עַל הַצּוּר.

שמות לג, כא

שמעתי מהבעש"ט שביאר פירוש הפסוק:
"מה' מצעדי גבר כוננו ודרכו יחפץ" (תהילים לז כג),
ואמר על אותן האנשים הנוסעים לארץ מרחקים
בסחורות וכדומה, הרחוקים נדוד.
לא מחשבותיו יתברך מחשבותם: המה מדמים בנפשם
שכל עצמם עם דרך נסיעתם לארץ מרחקים - בעבור הרבות זהב
וכסף חלוף סחורתם, ולזה המה מקצים רגליהם.
ובאמת, הוא יתברך לא כן ידמה,
כי אם הוא יודע לתקן עניינו יותר ממנו.
ולפעמים יש לו לאדם ככר לחם בארץ מרחקים,
הנוגע אל בחינתו, והוא צריך לאכול אותו ככר דייקא באותו
מקום ובשעה הזאת, או לשתות מלא לוגמיו מים במקום ההוא.
ולכוונה הנזכר, מצעדי גבר כוננו -
להרחיק נדוד כמה מאות פרסאות בכדי להשלים את נפשו עם זה
הככר לחם ושתות מים מעט או הרבה.
[...] אל לזה רומז הכתוב: מה' מצעדי גבר כוננו -
שנוהג איזה נסיעה למקום רחוק,
הכל הוא מאתו יתברך, כאשר גזרה חכמתו להשלמת נפשו
באחת מסיבותיו יתברך, הידועים לו יתברך.

רבי זאב וולף מז'יטומיר, אור המאיר, פרשת צו

כְּשֶׁיֵּשׁ לְהָאָדָם לֵב, אֵין שַׁיָּךְ אֶצְלוֹ מָקוֹם כְּלָל
כִּי אַדְּרַבָּא, הוּא מְקוֹמוֹ שֶׁל עוֹלָם וְכוּ׳
כִּי הָאֱלֹקוּת הוּא בַּלֵּב, כְּמוֹ שֶׁכָּתוּב (תְּהִלִּים עג): ״צוּר לְבָבִי״
וְאֵצֶל הַשֵּׁם יִתְבָּרַךְ נֶאֱמַר (שְׁמוֹת לג): ״הִנֵּה מָקוֹם אִתִּי״
שֶׁהוּא מְקוֹמוֹ שֶׁל עוֹלָם, וְאֵין הָעוֹלָם מְקוֹמוֹ
נִמְצָא, מִי שֶׁיֵּשׁ לוֹ לֵב יִשְׂרְאֵלִי אֵין רָאוּי לוֹ לוֹמַר
שֶׁמָּקוֹם זֶה אֵין טוֹב לְפָנָיו
כִּי אֵין שַׁיָּךְ אֶצְלוֹ מָקוֹם כְּלָל
כִּי אַדְּרַבָּא הוּא מְקוֹמוֹ שֶׁל עוֹלָם וְאֵין הָעוֹלָם מְקוֹמוֹ כַּנַּ״ל.

רבי נחמן מברסלב, ליקוטי מוהר״ן חלק ב נו

אֶחָד שָׁאַל אוֹתוֹ עַל עִנְיַן נְסִיעָה לְאֵיזֶה מָקוֹם, אִם יִסַּע לְשָׁם.
הֵשִׁיב לוֹ: כְּשֶׁרוֹאֶה אָדָם נְסִיעָה לְפָנָיו,
אֵין לוֹ לְהִתְעַקֵּשׁ לִמְנֹעַ מִזֶּה, לֵישֵׁב בְּבֵיתוֹ דַּוְקָא.
כִּי בְּכָל מָקוֹם שֶׁאָדָם נוֹסֵעַ לְשָׁם הוּא מְתַקֵּן שָׁם אֵיזֶה דָּבָר.

רבי נחמן מברסלב, שיחות הר״ן פה

בניסיון למצוא מקום, למצוא שייכות,
אנו לא פעם מחפשים הגדרות, דמות לחיקוי, משענת חיצונית
אבל "כשיש להאדם לב, אין שייך אצלו מקום"
הסוד טמון בלב.
כשאדם זוכה להיות מקושר לליבו, הוא מוצא את מקומו.
היכן שיהיה - שם הוא.
בעל הלב הולך בדרכי האל, שהוא מקומו של עולם ואין העולם מקומו.
הוא בתוך העולם ולא העולם בתוכו.

אנו מסתובבים בעולם, תרים אחר המקום
מחפשים את הנוף היפה
הקהילה המחבקת
לאט לאט מבינים כי בכל מקום שהגענו יש משהו עבורנו
יש דבר מה שאנחנו יכולים לתקן בו
אנחנו לא הנושא
לא הכול מרוכז סביבנו
המקום קורא לנו לצאת, להתבונן סביב
להקשיב לקריאה העולה אלינו
להיענות למקום
להסכים להיות בתנועה.
הכול בהשגחה
לא לשווא נקלענו דווקא לכאן
ואולי מחר נגיע לשם
האם נוכל להתהלך בעולם
כאילו ידנו מונחת בידו הגדולה של אבא
המוליך אותנו בעולם בעבותות של אהבה?

נוכחות

במהלך היום, בוחרים שלוש הזדמנויות לעצור ולהתבונן במקום שבו אתם נמצאים.

שואלים: מה המקום הזה מבקש ממני? מה אני יכולה לתרום ולהוסיף לו? מה הקריאה שעולה ממנו אליי?

לאחר שמתבוננים בשאלות אלו, כעת מנסים להרגיש כיצד ההשגחה האלוהית עוטפת אתכם, וכיצד היא שהנחתה אתכם אל הרגע הזה, אל המקום הזה.

מנסים להרגיש את נוכחותו של הקב"ה, שהוא מקומו של עולם, מצויה במקום שבו נמצאים.

חן

וְנֹחַ מָצָא חֵן בְּעֵינֵי ה׳
כֵּן נִמְצָא חֵן וְשֵׂכֶל טוֹב בְּעֵינֵי אֱלֹהִים וְאָדָם.

בראשית ו, ח, הבדלה בנוסח עדות המזרח

אילת אהבים ויעלת חן (משלי ה יט)
״ויעלת חן״ – שמעלת חן על לומדיה.

בבלי עירובין נד ע״ב

דַּע, כִּי עַל יְדֵי הַתּוֹרָה נִתְקַבְּלִים כָּל הַתְּפִלּוֹת
וְכָל הַבַּקָּשׁוֹת שֶׁאָנוּ מְבַקְּשִׁים וּמִתְפַּלְּלִים
וְהַחֵן וְהַחֲשִׁיבוּת שֶׁל יִשְׂרָאֵל נִתְעַלֶּה וְנִתְרוֹמֵם בִּפְנֵי כָּל מִי
שֶׁצְּרִיכִין – הֵן בְּרוּחָנִי הֵן בְּגַשְׁמִי.
כִּי עַכְשָׁו, בַּעֲווֹנוֹתֵינוּ הָרַבִּים, חֵן וַחֲשִׁיבוּת הָאֲמִתִּי שֶׁל יִשְׂרָאֵל נָפַל
כִּי עַכְשָׁו עִקַּר הַחֲשִׁיבוּת וְהַחֵן הוּא אֶצְלָם.
אֲבָל עַל יְדֵי הַתּוֹרָה, נִתְעַלֶּה הַחֵן וְהַחֲשִׁיבוּת שֶׁל יִשְׂרָאֵל.
[...] וְעַל יְדֵי זֶה נִתְקַבְּלִים כָּל הַתְּפִילּוֹת וְהַבַּקָּשׁוֹת
כִּי עִקַּר מַה שֶּׁאֵין נִתְקַבְּלִין הַבַּקָּשׁוֹת
הוּא מֵחֲמַת שֶׁאֵין לְהַדְּבָרִים חֵן
וְאֵין נִכְנָסִין בַּלֵּב שֶׁל זֶה שֶׁמְּבַקְּשִׁין מִמֶּנּוּ
כְּאִלּוּ אֵין בְּלִבּוֹ מָקוֹם שֶׁיִּכָּנְסוּ הַדְּבָרִים בְּלִבּוֹ
מֵחֲמַת שֶׁאֵין לְהַמְבַקֵּשׁ חֵן שֶׁיִּכָּנְסוּ הַדְּבָרִים בְּלִבּוֹ שֶׁל זֶה
שֶׁמְּבַקְּשִׁין מִמֶּנּוּ

אֲבָל עַל יְדֵי הַתּוֹרָה, שֶׁעַל יְדֵי זֶה נִתְחַבְּרִין
וְנִתְקַשְּׁרִין הַנ וְהַח כַּנַּ"ל, וְנַעֲשֶׂה חֵן
וְעַל כֵּן נִקְרֵאת הַתּוֹרָה: "יַעֲלַת חֵן"
וַאֲזַי זוֹכֶה שֶׁדְּבָרָיו הֵם דִּבְרֵי חֵן, וַאֲזַי נִתְקַבְּלִין דְּבָרָיו וּבַקָּשׁוֹתָיו
כְּמוֹ מִי שֶׁמְּדַבֵּר דִּבְרֵי חֵן
שֶׁנִּכְנָסִין הַדְּבָרִים בְּלֵב הַמִּתְבַּקֵּשׁ.

רבי נחמן מברסלב, ליקוטי מוהר"ן חלק א א

יש אנשים שחוט של חסד משוך עליהם
לוויית חן.
הפנים והחוץ מתקיימים בְּתֹאַם, בזרימה,
בתנועה עדינה
לא כוחנית.
בחן ובתחנונים
ולא מתוך עקשנות וקיבעון.

מי שחי נכון, מביא עימו את הדיוק של החן
יש בזה כוח משיכה מיוחד
קיום מלא ענווה, מאפשר ומפנה מקום
לא תופס את מקומם של אחרים, לא דורך על איש
בלי להתחנחן או להתחנף
האדם ניצב על מכונו
במידתו מלאת החינניות
מלאת החיים.

למצוא חן

מתכון למציאת חן נועד מראש לכישלון. משום שמציאת החן כשמה כן היא: היא מציאה, הנקרית לנו בהפתעה, בחסד, ולא ניתן להכריח את קיומה. על כן נציע כאן רק מעין התכוונות פנימית אל החן ומציאתו:

הביטוי המופלא 'למצוא חן בעיניו' מסמן אפשרות לזימון החן אל חיינו. מי שכביכול 'נכנס לתדר' של החן, משתדל למצוא חן באחרים, להשתחרר מהאחיזה העצמית, אולי מתוך כך ימצא חן בעיניהם.

החן קשור במקום יַלדי, שיש בו מוכנות להביא את הנקודה הפנימית לידי ביטוי חיצוני, לוותר על ההגנות. האיזון העדין בין הביטוי של הפנים לגילוי החיצוני מעורר חן ומביא למציאת חן.

פשוט

אַשְׂכִּילָה בְּדֶרֶךְ תָּמִים מָתַי תָּבוֹא אֵלָי
אֶתְהַלֵּךְ בְּתָם-לְבָבִי בְּקֶרֶב בֵּיתִי.

תהילים קא, ב

כְּבָר מְבֹאָר כַּמָּה פְּעָמִים:
שֶׁאֵין צְרִיכִין שׁוּם חָכְמוֹת בַּעֲבוֹדַת הַבּוֹרֵא יִתְבָּרַךְ,
רַק תְּמִימוּת וּפְשִׁיטוּת וֶאֱמוּנָה.
וְאָמַר: שֶׁפְּשִׁיטוּת הוּא גָּבוֹהַּ מִן הַכֹּל.
כִּי הַשֵּׁם יִתְבָּרַךְ בָּרוּךְ הוּא הוּא בְּוַדַּאי גָּבוֹהַּ מִן הַכֹּל.
וְהוּא יִתְבָּרַךְ הוּא פָּשׁוּט בְּתַכְלִית הַפְּשִׁיטוּת.

רבי נחמן מברסלב, שיחות הר"ן קא

וְהָיָה רַק מָלֵא שִׂמְחָה וְחֶדְוָה תָּמִיד.
כְּשֶׁהָיָה גּוֹמֵר הַמִּנְעָל, וּמִן הַסְּתָם הָיָה לוֹ שְׁלֹשָׁה קְצָווֹת,
כִּי לֹא הָיָה יָכוֹל הָאֻמָּנוּת בִּשְׁלֵמוּת כַּנַּ"ל,
הָיָה לוֹקֵחַ הַמִּנְעָל בְּיָדוֹ,
וְהָיָה מְשַׁבֵּחַ אוֹתוֹ מְאֹד, וְהָיָה מִתְעַנֵּג מְאֹד מִמֶּנּוּ.
וְהָיָה אוֹמֵר: אִשְׁתִּי, כַּמָּה יָפֶה וְנִפְלָא הַמִּנְעָל הַזֶּה;
כַּמָּה מָתוֹק הַמִּנְעָל הַזֶּה;
כַּמָּה מִנְעָל שֶׁל דְּבַשׁ וְצוּקֶיר (סֻכָּר) הַמִּנְעָל הַזֶּה.
וְהָיְתָה שׁוֹאֶלֶת אוֹתוֹ: אִם כֵּן,
מִפְּנֵי מָה שְׁאָרֵי רַצְעָנִים נוֹטְלִים שְׁלֹשָׁה זְהוּבִים בְּעַד זוּג מִנְעָלִים,

וְאַתָּה לוֹקֵחַ רַק חֲצִי טַאלִיר (הַיְנוּ זָהוּב וָחֵצִי).
הֵשִׁיב לָהּ: מַה לִּי בָּזֶה; זֶה מַעֲשֶׂה שֶׁלּוֹ, וְזֶה מַעֲשֶׂה שֶׁלִּי.
וְעוֹד: לָמָּה לָנוּ לְדַבֵּר מֵאֲחֵרִים.

רבי נחמן מברסלב, סיפורי מעשיות, מתוך מעשה מחכם ותם

הפשיטות עניינה להיות אחד
כמו שה' אחד
הוא ואין בלתו.

להיות כמו התם, המתהלך בעולם בתמימות,
בלי להתחכם, בלי להשוות
בלי להביט על עצמו מבחוץ.
מה ששלי - שלי ואני בנכונות להיות פשוט אני.
להיות בתוך עצמי, בתוך המציאות כפי שהיא
לכוון את התדר שבו אני חי, לאפשר את הזרימה.

יש מי שיודע להיות אחד עם עצמו
להיות יהודי פשוט.
היכולת להיות מי שאני מנביעה נדיבות כלפי האחר
בלי קנאה, בלי השוואה, אני - אני והוא - הוא.
אני יכול לשמוח בשמחתו בכל מאודי.

התם אינו מסתפק במועט,
אלא מסתפק בעצמו.
זו אינה סגפנות ודלות
אלא רצון לפעול מתוך מי שאני.
מי שמונח על מקומו, רוצה את השפע המוכן עבורו
ולא חורג אל עבר האחר.
זוהי תנועה הגדֵלה מתוך היש.

תמימות

בוחרים יום מסוים ומתהלכים בו עם המשפט שאומר התם בסיפורו של רבי נחמן מברסלב: "זה מעשה שלו וזה מעשה שלי".

שמים לב לרגעים שבהם רוצים משהו: לרכוש, לקנות, להשיג... מנסים לבדוק האם זה שלי או לא שלי?

ברגעים שתרים בהם אחרי העיניים: רגעים של השוואה, קנאה או רצון למשהו מחוץ לי, אומרים לעצמנו את המשפט "זה מעשה שלו וזה מעשה שלי" ומתמלאים בנכונות להיות מי שהננו.

שער שני: אתה

הנני / סיון הר־שפי

כִּי הַיָּפָה בְּיוֹתֵר לָאַהֲבָה וְלָאֱמוּנָה, הִיא מִלַּת
הִנְנִי.
הִנְנִי לְךָ, לִקְרָאתְךָ, לְפָנֶיךָ.
הִנְנִי שֶׁלְּךָ, בְּיָדְךָ. מַאֲזִינָה
לְכָל קְרִיאוֹתֶיךָ הִנְנִי.
הִנְנִי הִנְּךָ.

כִּי בְּרֶגַע הִנְנִי נוֹפְלוֹת חוֹמוֹת אַדִּירִים.
הַשִּׁרְיוֹנִים הַגְּדוֹלִים מִתְרַפִּים, וּכְנֶגְדָּם נִדְרָכִים
שִׁירִים קְטַנִּים עֲדִינִים, שֶׁכָּל רְצוֹנָם לְדַיֵּק
רְצוֹנְךָ. שֶׁכָּל רְצוֹנִי.
וְרֶגַע הַהֵן הוּא רֶגַע הַחֵן
בּוֹ פָּנִים הֵן פְּקָעוֹת שֶׁל יֹפִי.
מַה שֶּׁרָאִיתִי אֲנִי בְּהִנְנִי
עַיִן לֹא רָאֲתָה
זוּלָתְךָ.

כִּי הַכּוֹאֶבֶת בְּיוֹתֵר לָאַהֲבָה וְלָאֱמוּנָה, הִיא מִלַּת
אַיֶּכָּה.
כּוֹאֶבֶת כְּמַכָּה. אֵיכָה.
הַלְוַאי תִּמָּצֵא לִי הַלְוַאי תִּמְצָאֵנִי
מַקְדִּימָה שְׁאֵלָתְךָ, מַקְדִּים בְּדִידוּתִי:
הִנְנִי.

(הנני מתוך הספר זרקא,
הוצאת הקיבוץ המאוחד 2017)

ואהבת לרעך

וְאָהַבְתָּ לְרֵעֲךָ כָּמוֹךָ, אֲנִי ה׳.

ויקרא יט, יח

וְכֻלָּם מְקַבְּלִים עֲלֵיהֶם עֹל מַלְכוּת שָׁמַיִם זֶה מִזֶּה
וְנוֹתְנִים רְשׁוּת זֶה לָזֶה
לְהַקְדִּישׁ לְיוֹצְרָם בְּנַחַת רוּחַ.

מתוך תפילת 'קדושה'

וְלָכֵן נִקְרְאוּ כָּל יִשְׂרָאֵל "אַחִים" מַמָּשׁ,
מִצַּד שֹׁרֶשׁ נַפְשָׁם בַּה׳ אֶחָד רַק שֶׁהַגּוּפִים מְחֻלָּקִים.
וְלָכֵן, הָעוֹשִׂים גּוּפָם עִקָּר וְנַפְשָׁם טְפֵלָה -
אִי אֶפְשָׁר לִהְיוֹת אַהֲבָה וְאַחֲוָה אֲמִתִּית בֵּינֵיהֶם,
אֶלָּא הַתְּלוּיָה בְּדָבָר לְבַדָּהּ.
וְזֶהוּ שֶׁאָמַר הִלֵּל הַזָּקֵן עַל קִיּוּם מִצְוָה זוֹ: "זֶהוּ כָּל הַתּוֹרָה כֻּלָּהּ,
וְאִידָךְ פֵּרוּשָׁא הוּא כו׳".
כִּי יְסוֹד וְשֹׁרֶשׁ כָּל הַתּוֹרָה -
הוּא לְהַגְבִּיהַּ וּלְהַעֲלוֹת הַנֶּפֶשׁ עַל הַגּוּף מַעְלָה מַעְלָה
עַד עִקָּרָא וְשָׁרְשָׁא דְּכָל עָלְמִין
וְגַם לְהַמְשִׁיךְ אוֹר־אֵין־סוֹף בָּרוּךְ־הוּא בִּכְנֶסֶת יִשְׂרָאֵל,
[...] דְּהַיְנוּ, בִּמְקוֹר נִשְׁמוֹת כָּל יִשְׂרָאֵל, לְמֶהֱוֵי אֶחָד בְּאֶחָד דַּוְקָא.

רבי שניאור זלמן מלאדי, תניא פרק לב

וְעַל כֵּן גָּדוֹל הַשָּׁלוֹם וְאַהֲבָה שֶׁבֵּין יִשְׂרָאֵל,
כְּמוֹ שֶׁכָּתוּב וְאָהַבְתָּ לְרֵעֲךָ כָּמוֹךָ
וְאָמַר רַבִּי עֲקִיבָא זֶה כְּלָל גָּדוֹל בַּתּוֹרָה.
כִּי עַל יְדֵי הָאַהֲבָה שֶׁבֵּין אֶחָד לַחֲבֵרוֹ
עַל יְדֵי זֶה נִכְלָלִין זֶה בָּזֶה
וּמְאִירִין זֶה בָּזֶה
וּמְקַבְּלִין דִּין מִן דִּין.

רבי נתן מברסלב, ליקוטי הלכות אורח חיים, ברכות הראיה א, א

מרגע היווצרנו אנחנו באים במגע,
תמיד חלק מרקמה המתפרשת מעבר אלינו
לעיתים עטופים ברחמים, לעיתים חווים שְׁנִיּוּת ונפרדוּת.
במקביל למסע שבו לומד האדם להיות אחד עם עצמו
ולהתיידד עם קיומו
אנו גם לומדים לחרוג ולפנות אל מי שמחוץ לנו,
לומדים להתחבר, לתקשר ולהתקשר.

כמה שפע, כמה חן, כמה אינסוף יש בהתגלות ליבו של הזולת.
לעיתים אדם טועה לחשוב שהוא מרכז הסיפור, שהוא הנושא.
אבל אתה לא הנושא. רק "אל נושא היית להם".

ההבנה שאנחנו לא רק חיים את סיפור חיינו
אלא ממלאים תפקידי משנה בסיפוריהם של אחרים,
יוצרת מעין 'משחק פרספקטיבות', שמאפשר שעשוע, תנועתיות,
ואף חוויית התמוססות עם האחר.

ואהבת לרעך כמוך
רעך שהוא כמוך:
כמוך גם הוא אומר את המילה 'אני' על עצמו,
כמוך גם הוא אדם שלם
בעל חלומות, אהבות וכאבים.
כמה אהבה יכולה להתעורר כאשר שוהים במרחב המשותף
שיש בו בעת ובעונה אחת שוני ודמיון
נפרדות וחיבור.

במהלך חיינו אנו נקראים ללמוד קבלה.
לקבל את הזולת, באשר הוא שם,
ללמוד מכל אדם ולקבל ממנו.
להביט פנימה, לראות את הפָּנים
ולגלות את הפְּנים.

לתת אמון

רבי הושעיה רבה פתח (משלי ח ל): ואהיה אצלו אמון ואהיה
שעשועים יום יום וגו׳,
אמון פדגוג, אמון מכסה, אמון מצנע, ואית דאמר אמון רבתא.
אמון פדגוג, היך מה דאת אמר (במדבר יא יב):
כאשר ישא האמן את היונק.
אמון מכסה, היאך מה דאת אמר (איכה ד ה):
האמנים עלי תולע וגו׳.
אמון מצנע, היאך מה דאת אמר (אסתר ב ז):
ויהי אומן את הדסה.

בראשית רבה א א

ואיתא בספרים הטעם שאנו רואים שלפעמים באים שני בני אדם
ואוהבים זה את זה מאוד
גם שלא היו מכירים זה את זה מקודם
כי אם עתה מקרוב באו ונתוועדו יחד ושניהם דבקו יחדיו באהבה
רבה,
והטעם מחמת שהיו שכנים זה אצל זה בישיבתם בגן עדן יחד
ועתה בבואם להדדי נתעורר בהם אהבה הישנה
שהיתה בהם בגן עדן.

רבי אלימלך מליז׳נסק, נועם אלימלך ויחי

כִּי עִקַּר הָעַצְבוּת וְהָעַצְלוּת, הוּא מֵחֲמַת חֶסְרוֹן אֱמוּנָה
כְּמוֹ לְמָשָׁל, כְּשֶׁמַּנִּיחִין חִטָּה בְּאֶרֶץ טוֹבָה אֲזַי הוּא גָּדֵל וְצוֹמֵחַ יָפֶה,
וְאֵינוֹ מַזִּיק לוֹ שׁוּם רוּחַ וְלֹא זִיקִים וּרְעָמִים
וְזֶה מֵחֲמַת שֶׁיֵּשׁ כֹּחַ הַצּוֹמֵחַ וְכֹחַ הַגּוֹדֵל עַל כֵּן
אֵינוֹ מַזִּיק לוֹ שׁוּם דָּבָר
אֲבָל כְּשֶׁנּוֹתְנִין הַחִטָּה בְּאֶרֶץ שֶׁאֵינָהּ טוֹבָה
לִזְרִיעָה אֲזַי הוּא נִרְקָב בָּאָרֶץ
מֵחֲמַת שֶׁאֵין לוֹ כֹּחַ הַצּוֹמֵחַ וְכֹחַ הַגּוֹדֵל
וֶאֱמוּנָה הִיא בְּחִינַת כֹּחַ הַגּוֹדֵל וְכֹחַ הַצּוֹמֵחַ
כְּמוֹ שֶׁכָּתוּב (אֶסְתֵּר ב): "וַיְהִי אֹמֵן אֶת הֲדַסָּה" לְשׁוֹן גִּדּוּל
וּכְמוֹ שֶׁאָמְרוּ רַבּוֹתֵינוּ, זִכְרוֹנָם לִבְרָכָה (שַׁבָּת לא):
אֱמוּנָה זֶה סֵדֶר זְרָעִים.

רבי נחמן מברסלב, ליקוטי מוהר"ן חלק א קנה

המאמין הוא נותן האמון.
מי שמביט על הזולת במבט מצמיח, מגדל.
ניתן לאמן את הלב לאמון ולאמונה.
מתן אמון מביא להגברת כוחות החיים.

לתת אמון במישהו אין משמעו רק קבלת דבריו כאמיתיים
או הסתמכות עליו כמקור ידע,
אלא ראשית לכול, הסתמכות והישענות עליו עצמו,
על עצם קיומו.
שהוא הינו.
המאמין, נותן האמון, מזמֵן את עצמו בעצם היותו,
כפי שאמר אברהם אבינו: "הנני".

לעיתים אנחנו פוגשים בבני אדם,
(אולי אפילו מזהים בנו עצמנו את התחושה),
שאינם בוטחים בקיומם
הם ממש במלחמת קיום.
כמה קשה למי שאינו מאמין.
וכאשר אדם אחר נותן בו אמון
דבר זה פועל כ'אור חוזר',
וביכולתו לטעת, לחזק ולהצמיח בו
את האמונה בקיומו ובערכו,
שגם הוא חשוב ויקר בעיני ה' יתברך.

לזרוע אמון

חושבים על אדם שאנו מתקשים לתת בו אמון כרגע או דמות שאנו מודאגים לגביה.

מנסים לחשוף את הנחות היסוד שלנו. מתוך איזה מבט על אותו אדם אנו פועלים: האם מתוך הדאגה: מה יהיה איתו, למה הוא לא מתקדם, מה הבעיה שלה? או מתוך מבט שיש בו אריכות אפיים, ומכיל בתוכו סלחנות ואורך רוח: קשה לו כרגע אבל בכל זאת הוא משתדל, היא לא לומדת אבל יש בה את הכוחות שעוד יבשילו ויבואו לידי ביטוי.

מדמיינים כביכול אנו נוטלים מ'בנק הזרעים' הלוואה של 'זרעי אמון' שאנו זורעים במציאות. ההלוואה הזו מטרתה לשחרר מן הדאגה, האוחזת במציאות הגלויה בהווה, ולאפשר להפליג אל עבר 'תמונת ניצחון', מבט אל הסוף הטוב, ההצלחה המחכה להתגלות בעתיד.

מתבוננים: לו היינו מקבלים הנחיה לתת באותו אדם אמון ללא סייג, כיצד היה משתנה המבט שלנו עליו? מה היה מתרחש בעקבות זאת?

מקום בלב

וְלִבִּי חָלַל בְּקִרְבִּי.

תהילים קט, כב

כְּשֶׁנִּכְלָל לִבּוֹ בְּלֵב הַצַּדִּיק
וְלֵב הַצַּדִּיק הוּא חָלָל בִּבְחִינַת: "וְלִבִּי חָלַל בְּקִרְבִּי"
וְעַל כֵּן הָאֲוִיר שֶׁל הָרוּחַ שְׁטוּת הַדָּבוּק בְּלִבּוֹ
שֶׁלִּבּוֹ מָלֵא מִזֶּה הָאֲוִיר
הוּא בּוֹקֵעַ וְשׁוֹבֵר לִבּוֹ בְּבֶהָלָה וּבוֹרֵחַ לַחוּץ
מֵחֲמַת שֶׁמָּצָא מָקוֹם פָּנוּי בְּלֵב הַצַּדִּיק
וְעַל כֵּן עַל יְדֵי שֶׁמְּגָרֵשׁ בִּמְהִירוּת הָרוּחַ שְׁטוּת מִקִּרְבּוֹ
עַל יְדֵי זֶה יֵשׁ לוֹ לֵב נִשְׁבָּר
כִּי נִשְׁבָּר לִבּוֹ עַל יְדֵי מְהִירוּת וּבַהֲלוּת הָרוּחַ שְׁטוּת לָצֵאת כַּנַּ"ל
וְעַל כֵּן לֹא מָצָא לְפִי שָׁעָה מָקוֹם לָצֵאת
וְעַל כֵּן נִשְׁבָּר הַלֵּב.

ליקוטי מוהר"ן חלק א קעו

יש ואדם מצליח למצוא את מקומו, את ליבו,
באמצעות אדם אחר שמסייע לו בכך.
אדם שליבו חלל בקרבו,
שיש לו מקום להכיל, לאהוב ולקבל
יכול לסייע מתוך ההתקשרות עמו
בנקיות, בענווה וללא ניצול
למצוא מחדש את עצמו.

פינוי מקום והקשבה
יכולת הכלה של לב נשבר,
התחושה הפנימית שיש מי שעוטף אותי ואת ליבי
מאפשרת להרפות, לשחרר הגנות.
מי שנותן מקום בליבו לאחר
נותן לו במתנה את ליבו שלו
ובכך משיב את אבדתו
מזכיר לו את עצמו ואת מקומו.

היכולת לשבת עם אדם אחר יחד בשקט פנימי היא דבר גדול.
להבין אחד את השני בלי מילים, פשוט להיות.
לא צריך למלא את החלל בפטפוטים או בהחלפת דעות
אלא להתמלא מעצם הישיבה איש עם רעהו
מהנוכחות וההנכחה ההדדית
לזכות לרגעים של שקט, של תקשורת לבבית, מלב אל לב
של התקשרות נשמות.

לפתוח את הלב

בוחרים אדם קרוב, הנתון בקושי. חושבים עליו, מנסים לחוש את הכאב שלו, להיות עימו בליבנו. בעבודת הדמיון מדמיינים כיצד ליבנו מתרחב ועוטף את ליבו בחמימות. רואים בעיני רוחנו כיצד הלב שלנו מאפשר לליבו של האחר להישבר ולהתפרק אל תוכו, כאשר ליבנו מכיל אותו ושומר עליו.

בהמשך מחפשים דרכים כיצד להתקרב אל אותו אדם גם במציאות: לשלוח הודעה, לבוא לביקור. לא מתוך רצון לפתור את בעיותיו, או לתקן עבורו את המציאות אלא מתוך הרגשת הלב המכיל את ליבו של האחר.

מלב אל לב

מתבוננים: בתוך הלב של מי אני נמצא? להיכן 'רוח השטות' שבי יכולה לצאת? מי בחיי מהווה עבורי 'לב'?

שוהים בתחושה של הקשר עם אותו אדם והמשמעות של קיומו בחיינו.

עין טובה

טוֹב־עַיִן הוּא יְבֹרָךְ
כִּי־נָתַן מִלַּחְמוֹ לַדָּל.

משלי כב, ט

אמר להם צאו וראו איזוהי דרך טובה שידבק בה האדם
כדי שיכנס בה לעולם הבא
נכנס רבי אליעזר ואמר עין טובה.

אבות דרבי נתן יד

וְדַע, שֶׁמִּי שֶׁיָּכוֹל לַעֲשׂוֹת אֵלּוּ הַנִּגּוּנִים,
דְּהַיְנוּ לְלַקֵּט הַנְּקֻדּוֹת טוֹבוֹת שֶׁנִּמְצָא בְּכָל אֶחָד מִיִּשְׂרָאֵל,
אֲפִלּוּ בְּהַפּוֹשְׁעֵי יִשְׂרָאֵל כַּנַּ"ל,
הוּא יָכוֹל לְהִתְפַּלֵּל לִפְנֵי הָעַמּוּד,
כִּי הַמִּתְפַּלֵּל לִפְנֵי הָעַמּוּד, הוּא נִקְרָא שְׁלִיחַ צִבּוּר,
וְצָרִיךְ שֶׁיִּהְיֶה נִשְׁלָח מִכָּל הַצִּבּוּר,
דְּהַיְנוּ שֶׁצָּרִיךְ שֶׁיְּקַבֵּץ כָּל נְקֻדָּה טוֹבָה
שֶׁנִּמְצָא בְּכָל אֶחָד מֵהַמִּתְפַּלְּלִין,
וְכָל הַנְּקֻדּוֹת טוֹבוֹת יִהְיוּ נִכְלָלִין בּוֹ,
וְהוּא יַעֲמֹד וְיִתְפַּלֵּל עִם כָּל הַטּוֹב הַזֶּה,
וְזֶהוּ שְׁלִיחַ צִבּוּר,
וְצָרִיךְ שֶׁיִּהְיֶה בּוֹ בְּחִינָה גְּבוֹהָה כָּזוֹ,
שֶׁעַל־יְדֵי־זֶה יִהְיוּ כָּל הַנְּקֻדּוֹת תְּאֵבִים אֵלָיו, וְיִהְיוּ נִכְלָלִין בּוֹ.

רבי נחמן מברסלב, ליקוטי מוהר"ן חלק א רפב

לפעמים אדם מאבד את היכולת לראות את עצמו בעין טובה,
והוא זקוק למבטו של החבר, או של אדם ללא פניות,
היכול לראות את עומק הטוב שבו.
שורשיו של המבט בעין טובה על האדם
נטועים במבט המיוחד של הקב"ה על כל ברואיו, בני האדם
"לֹא הִבִּיט אָוֶן בְּיַעֲקֹב" (במדבר כג כא).
בחסד ה' עימנו, יש לנו שתי עיניים,
שמאפשרות לנו מבט רחב על המציאות.
אולם לעיתים נכון לעצום עין אחת ולהתמקד רק בטוב.

העין הטובה המביטה מבחוץ באדם
יכולה להאיר ולחזק את הנקודות הטובות הטמונות בו
ובכך לסייע להן לגדול ולקבל תוקף.
מעבר לכך ישנה בידי האדם היכולת לדון לכף זכות את חברו.
דין הוא יצירת מציאות, מתן קביעות.
היחס החיצוני לאדם משפיע על הדימוי העצמי שלו ומעצב אותו.
את היכולת לדון לכף זכות ניתן לפרש גם מלשון תנודה,
מתן האפשרות לאדם לנדוד, לנוע מן ה'אני' שהתקבע,
אל מחוזות הטוב שבו, שטרם התגלה כלפי חוץ
ואולי אף כלפי פנים.
בכך ניתנת לאדם היכולת לפעול מתוך חופש פנימי
וללא קיבעון על עצמו.

יש במציאות חוק שימור אנרגיה:
"לית רעותא טבא דאיתעביד" (זוהר חלק ב דף קנ ע"ב),
שום דיבור טוב או גילוי של אהבה וקרבה אינו אובד.
כל מבט של עין טובה, כל דיבור מאיר, מותיר רושם בנשמה.
הכול יתגלה בזמנו, גם הכמוס והטמון כאור הגנוז.

נקודות טובות

בוחרים אדם שקשה לנו איתו, מישהו שמרגיז אותי, מישהי שאני לא מבינה את דעותיה או התנהגותה.

מביטים בו או בה בדמיוננו בעין אחת, עין טובה. מצמצמים את המבט, כמו מביטים מבעד לזכוכית מגדלת באותו אדם, בחיפוש אחר הטוב שבו.

בעצימת העין האחת מוותרים באופן אקטיבי על התמונה הכוללת, איננו מנסים לדון את האדם במכלול שלו אלא בוחרים להביט רק על הטוב שבו.

אוספים מתוך ההתבוננות באותו אדם לפחות חמש נקודות טובות. מומלץ להעלות אותן על הכתב.

לאחר שמעלים על הכתב את הטוב שמצאנו בו, מעלים לנגד עינינו בשנית את אותו אדם ובודקים: מה השתנה עבורנו בתחושתנו כלפיו?

חברות

טוֹבִים הַשְּׁנַיִם מִן הָאֶחָד אֲשֶׁר יֵשׁ לָהֶם שָׂכָר טוֹב בַּעֲמָלָם.
כִּי אִם יִפֹּלוּ הָאֶחָד יָקִים אֶת חֲבֵרוֹ וְאִילוֹ הָאֶחָד שֶׁיִּפּוֹל
וְאֵין שֵׁנִי לַהֲקִימוֹ.

קהלת ד, ט-י

ואמר וקנה לך חבר זכר אותו בלשון קנייה
ולא אמר עשה לך חבר או התחבר לאחרים
הכונה בזה שצריך לאדם שיקנה אוהב לעצמו שיתקנו בו מעשיו
וכל עניניו
כמו שאמרו או חברותא או מיתותא.

רמב"ם, פירוש למשנה אבות א ו

"וישלח יהודה את גדי העזים ביד רעהו העדולמי" וכו'
(בראשית לח כ).
הרבי רבי בונם זי"ע אמר:
כל אדם צריך להיות לו חבר ואוהב נאמן,
שיהיה ביכולתו לספר לו את כל נקודת לבבו,
אפילו בגנות מעשיו.
כמו שהיה ליהודה - חירה רעהו.
והיה משלח על ידו את גדי העזים לידי תמר.

רבי שמחה בונם מפשיסחה, קול מבשר חלק א' פרשת וישב

התבוננות בגוף האדם מגלה תופעה מעניינת:
החזית מעוצבת בקפידה, מלאה בפרטים ובמורכבות,
ואילו הגב - כאילו נחתך בפשטות, משטח חלק.
אך דווקא שם, בגב הפשוט, יש רגישות מיוחדת למגע,
כאילו נותר שם פצע קדמון המחכה למגע מרפא,
תזכורת מתמדת לנסירה.

כך גם בנפש האדם -
מצד אחד "לפיכך נברא האדם יחידי",
ומצד שני טבועה בו כמיהה עמוקה לחֲברוּת,
געגוע מתמיד לשוב אל מצב של חיבור.

המילה 'זוג' פירושה דפנות הפעמון
כאשר אנו בזוג, אנו כמו פעמון וענבל:
הענבל לבדו לא ישמיע צליל,
זקוק הוא לתיבת התהודה שתעצים את קולו.
כך גם אנחנו זקוקים לאוזן קשבת,
למישהו שיהדהד את קולנו הפנימי,
שיחזיר לנו את עצמנו באור חדש.

"וקנה לך חבר" -
לא 'מצא' או 'בחר', אלא "קנה".
יש להשקיע בחברות, לטפח אותה,
להקשיב באמת, להתעניין בכנות.
לא רק בגדולות, אלא גם בקטנות -
בתחביביו של החבר, בחוויותיו היומיומיות,
בדברים הפשוטים המרכיבים את חייו.
לשמוח בשמחתו ולהתעצב בעצבונו.

החברות האמיתית היא מעבר לתכלית.
איננו מבקשים להפיק תועלת מהשני,
אלא לתת לו מקום, להתארח בעולמו,
לחצות את הגשר אל נפשו.

חבר טוב

יושבים במקום נעים ושקט. מעלים בזיכרוננו שלושה מקרים שבהם חבר או חברה היו שם בשבילנו ברגע משמעותי. מה היה באותו רגע שגרם לו להיות כל כך חשוב? נזכרים במילים שנאמרו, במחוות שנעשו, בתחושה שליוותה אותנו. כעת חושבים - האם אנחנו יכולים להיות כך עבור מישהו אחר? מתוך הזיכרונות האלה, בוחרים חבר שהיינו רוצים להודות לו, וכותבים לו מכתב קצר המתאר את אותו רגע ומשמעותו עבורנו.

חברותא

ר׳ חנניה בן תרדיון אומר: שנים שיושבין ואין ביניהן דברי תורה,
הרי זה מושב לצים שנאמר (תהילים א א) ״ובמושב לצים לא
ישב״.
אבל שנים שיושבין ויש ביניהם דברי תורה,
שכינה ביניהם
שנאמר (מלאכי ג טז) ״אז נדברו יראי ה׳ איש אל רעהו
ויקשב ה׳ וישמע ויכתב ספר זכרון לפניו ליראי ה׳ ולחושבי
שמו״.

משנה, מסכת אבות, פרק ג, משנה ב

וכשיש לאדם חבר טוב שמתחברים ביחד בשביל התורה
והמעשים
והם באמונה זה לזה בלב שלם לעבודת האל יתברך,
אשריהם מה טוב חלקיהם, כי אז כל אחד יסייע לחבירו
בהתעוררות,
ויעשה קביעות בכל יום, נוסף על למודם יקבעו שעה אחת
שיפשפשו במעשיהם
וידברו מהתעוררות תשובה ותיקון מעשיהם,
ויהיו אוהבים זה לזה כנפשם כאהבת דוד ויונתן.
אמר החכם אין נקב המחט צר לב׳ אוהבים, ואין רחב העולם די
לב׳ שונאים.

השל״ה הקדוש שער האותיות, אות ח׳ חבר טוב

גַּם צָרִיךְ כָּל אָדָם לְדַבֵּר עִם חֲבֵרוֹ בְּיִרְאַת שָׁמַיִם,
כְּדֵי לְקַבֵּל הִתְעוֹרְרוּת בְּלִבּוֹ מֵהַנְּקֻדָּה שֶׁיֵּשׁ בַּחֲבֵרוֹ יוֹתֵר מִמֶּנּוּ,
כְּמוֹ שֶׁכָּתוּב: "וּמְקַבְּלִין דֵּין מִן דֵּין"
כִּי בְּזֶה הַבְּחִינָה שֶׁיֵּשׁ בַּחֲבֵרוֹ יוֹתֵר מִמֶּנּוּ,
זֹאת הַבְּחִינָה הוּא בְּחִינַת נְקֻדָּה
וְשָׁם בְּהַנְּקֻדָּה הַזֹּאת, שׁוֹרָה הָאַהֲבָה
[...] וְגַם עַל־יְדֵי שֶׁיְּדַבֵּר עִם חֲבֵרוֹ,
יָכוֹל גַּם־כֵּן כָּל אֶחָד וְאֶחָד לְהָאִיר וּלְעוֹרֵר לֵב חֲבֵרוֹ.

רבי נחמן מברסלב, ליקוטי מוהר"ן חלק א לד

חברותא היא **חברות** ששורה בה **א**לופו של עולם.
יש בה את איכות הקשר החברי, קרבת הלב,
יחד עם הרצון לקבל האחד מחברו.
להיפתח יחד אל הרוח שבתוכנו ומעבר לנו,
להתחבר יחד אל התורה,
לזכות שגם ה' יקשיב לדיבורינו.

בחברותא טובה, כשאחד מהלומדים מדבר,
המילים כבר אינן 'שלו',
אלא הדיבור הוא הדהוד של הנאמר ביניהם.
כמו הקול המדבר מבין שני הכרובים.
כשהתדר מדויק, כבר אין חלוקה ופיצול, מי אמר מה.
ה'אני' מתמוסס לתוך המרחב המשותף שבינינו,
אל עבר ה'אנחנו', ה'אני־אתה'.
ה'אני' מאבד את קשיחותו והופך לרך
וכשיש הד - מתגלה השכינה שבינינו.

דווקא בעומק של הופעת ה'אני',
כשמתגלה ה'חלק אלוה' שבי,
אז מתגלה באופן פרדוקסלי
גם יכולת ההתמוססות והחיבור שלי -
עם החבר, עם האחֵר,
עם האחד.

חברים לחברותא

יושבים עם חברותא, ותיקה או חדשה. לפני שפותחים את הספר, מקדישים זמן לחשוב יחד על המרחב המשותף: איך נרצה לשבת - זה לצד זה או זה מול זה? מה יעזור לנו להרגיש בנוח? איך נוכל להפוך את הלימוד למרחב של קרבה והקשבה?

איך נזמין את התורה להיות בינינו? איך הלימוד בינינו יוטען באנרגיה של חברות וקרבת לב?

בסיום הלימוד, משתפים: מתי הרגשנו שנוצר הד? מה עזר לנו להגיע לשם? איך נוכל לטפח את המרחב הזה בלימוד הבא שלנו?

המתפלל על חברו

המבקש רחמים על חברו
והוא צריך לאותו דבר
הוא נענה תחילה.
דכתיב (איוב מב י) "וה' שב את שבות איוב
בהתפללו בעד רעהו".

בבלי בבא קמא צב ע"א

זֶה שֶׁמִּתְפַּלֵּל עַל חֲבֵרוֹ אַף־עַל־פִּי שֶׁהוּא צָרִיךְ לְאוֹתוֹ דָּבָר,
זֶהוּ בְּחִינַת עֲנָוָה, בְּחִינַת אַיִן,
שֶׁמְּבַטֵּל עַצְמוֹ, וְאֵינוֹ חוֹשֵׁשׁ עַל עַצְמוֹ כְּלוּם,
רַק מַרְגִּישׁ צַעַר יִשְׂרָאֵל חֲבֵרוֹ,
וְעַל־יְדֵי הַבִּטּוּל זֶה הוּא נִכְלָל בְּאַיִן,
שֶׁהוּא בְּחִינַת תְּחִלָּה, בְּחִינַת קֹדֶם הַבְּרִיאָה,
בְּחִינַת נִשְׁמָע, בְּחִינַת תְּפִלַּת ה' כַּנַּ"ל,
וְעַל כֵּן הוּא נַעֲנֶה תְּחִלָּה, כִּי הוּא בִּבְחִינַת תְּחִלָּה.

רבי נחמן מברסלב, ליקוטי מוהר"ן חלק א כב

קודם כל תפלה יקבל עליו מצות עשה של ואהבת לרעך כמוך
ויכוין לאהוב כל אחד מישראל כנפשו
ואם יש איזה צרה חס ושלום בביתו
או בבניו ישתתף בצערו ויתפלל עליו.
וזו סגולה אמיתית שיקובל תפלתו כמו תפלת כל ישראל.

פתיחה לספר כוונות האר"י ז"ל

האדם הוא יצור מבקש, 'בעייתי' -
מלשון המילה הארמית 'בעיא', בקשה.
כאשר שני אנשים נפגשים, יש מי שישים לב לבגדיו של האחר,
יש מי שיתבונן בפניו,
ויש מי שיפגוש את דעותיו ועמדותיו ויראה בהן את חזות הכול.
אך כאשר אנו רואים את האדם העומד מולנו כמבקש,
אנו מעמיקים לראות מעבר למסכים החיצוניים,
לראות את ההקשר הרחב של חייו:
עם מה הוא מתמודד כרגע? מהיכן הגיע?
וברובד הנשמתי, מהי התפילה הבוקעת בו כעת?

אם אנו זוכרים שכל אדם הוא סוד
הרי שיש אין־סופיות של התעניינות וסקרנות
שיכולה להתעורר בנו במפגש עימו.

ישנה חברותא שהיא בעצם 'תפילותא',
חברותא שכל עניינה ליילד תפילות זה לזה.
להקשיב אחד לשני באמת,
לשמוע את הרצון, הבקשה, הכיסופים והתפילה,
לרדת לשורש הדברים, עומק לפנים מעומק.

לעיתים נגלה כי התפילה שהחבר נושא עימו עמוקה מיני ים,
ולעיתים הצורך הוא פשוט ויומיומי.
לַכול יש מקום -
"אִם אֶסַּק שָׁמַיִם שָׁם אָתָּה וְאַצִּיעָה שְּׁאוֹל הִנֶּךָּ" (תהילים קלט ח).

והנה, מתוך המפגש עם בקשתו העמוקה של החבר,
מתעורר הרצון להתפלל עליו ולמענו.
כל אחד מאיתנו יישא על לוח ליבו את תפילתו של השני
ויתפלל עבורו.

פעמים רבות בתוך השיתוף הקרוב,
נגלה כי גם אם נקודות המוצא של כל אחד מאיתנו היו שונות,
הרי כשהגענו למי התהום, לנקודה הפנימית,
נמצא שם דמיון ואף תואַם,
התמוססות הרצונות.
כל אחד מאיתנו הצליח לבקוע את הקליפה של עצמו,
ומצאנו עצמנו צוללים לעבר מרחב משותף,
כלי המחזיק את הברכה והתפילה של שנינו.

חברים לתפילה

יושבים יחד במקום נוח ושקט. מחליטים מי ישתף ומי יקשיב. המשתף מספר על קושי או התמודדות שמעסיקה אותו בעת האחרונה, משתף בפירוט. המקשיב מוודא עם המשתף שהוא שמע במלואה את בקשתו. אין כאן המקום לביקורת או למתן עצות - רק להקשבה מלאה בלב פתוח.

בתום השיתוף מגיעה עת התפילה. המקשיב מוצא את מקומו, עוצם עיניים ופונה לה' בתפילה על אשר שמע מחברו. מזכיר את שמו ושם אימו של החבר. בתפילתו משתדל לפעול עבורו, להקיש בדלתי מרום ככל יכולתו.

עצה בלב איש

מַיִם עֲמֻקִּים עֵצָה בְלֶב אִישׁ
וְאִישׁ תְּבוּנָה יִדְלֶנָּה.

משלי כ, ה

וְעֵצוֹת הֵם בְּחִינַת עֹמֶק הַלֵּב [...]
בִּבְחִינַת (משלי כ ה): "מַיִם עֲמֻקִּים עֵצָה בְּלֵב אִישׁ".
וְעַל כֵּן כְּשֶׁאֵין מוֹעִיל קוֹל צְעָקָה מֵחֲמַת נְפִילַת הָאֱמוּנָה,
אֲזַי צְרִיכִין לִצְעֹק מִן הַלֵּב לְבַד,
בְּלִי קוֹל,
רַק מֵעֻמְקָא דְּלִבָּא,
וְעַל־יְדֵי־זֶה נִתְגַּלִּין הָעֵצוֹת כַּנַּ"ל,
שֶׁהֵם בְּחִינַת: מַיִם עֲמֻקִּים עֵצָה וְכוּ'.
וְעַל־יְדֵי הָעֵצוֹת שֶׁנִּתְגַּלִּין בָּעוֹלָם,
(דְּהַיְנוּ שֶׁיּוֹדְעִין בָּעוֹלָם לִתֵּן עֵצָה לְנַפְשָׁם, כָּל אֶחָד וְאֶחָד מַה שֶּׁצָּרִיךְ),
עַל־יְדֵי־זֶה גְּדֵלָה הָאֱמוּנָה, בִּבְחִינַת: "עֵצוֹת מֵרָחֹק אֱמוּנָה אֹמֶן",
כַּנַּ"ל.
וַאֲזַי חוֹזֵר וְנִתְתַּקֵּן כָּל הַבְּחִינוֹת הַנַּ"ל.

רבי נחמן מברסלב, ליקוטי מוהר"ן חלק ב ה

אַךְ הַדּוֹלֶה הָעֵצוֹת הוּא הַצַּדִּיק הוּא אִישׁ תְּבוּנוֹת
שֶׁהוּא דּוֹלֶה וּמְגַלֶּה הָעֵצוֹת כַּנַּ"ל
בְּחִינַת "וְאִישׁ תְּבוּנָה יִדְלֶנָּה",
[...] בְּחִינַת צַדִּיק יְסוֹד עוֹלָם,
שֶׁהוּא דּוֹלֶה וּמְגַלֶּה הָעֵצוֹת כַּנַּ"ל
וְעַל יְדֵי הָעֵצוֹת נִתְגַּדֵּל הָאֱמוּנָה וּמְקִימִין הָאֱמוּנָה הַנְּפוּלָה.

רבי נתן מברסלב, ליקוטי הלכות, אורח חיים, הלכות סוכה ג, א

הקשבה לאחר מתחילה בפינוי מקום, בהפיכת הלב לחלל, למֵכל
אך הקשבה עמוקה היא גם הקשבה פעילה, מדוֹבבת
המצמיחה את המילים
ויוצרת הבנה והדהוד פנימי.

כמו שהגוף יודע לרפא את עצמו
כך האדם יודע את אשר תבקש נפשו.
גם ברגעי ספק ומבוכה
העצה נמצאת בתוכו פנימה,
אך לעיתים הוא זקוק לסיוע כדי לחלצה מן המעמקים,
לדלות אותה מתוכו.

לכן צריך חכה -
אדם היודע לחכות,
להמתין עימו על שפת הבאר הפנימית,
לעצה השקועה במצולות הלב ומחכה.
איש תבונות מלא בינה
המזכך את ליבו
דולה את העצה מליבו של השואל.
הוא אינו מגיע עם עצה מוכנה מראש,
אינו פועל מתוך הידיעה החיצונית שלו,
אלא בהקשבה עמוקה וסבלנית
מסייע לאדם להבין את עצמו,
לגלות את דרכו, לרדת ללב הדברים ולזכות בהתבהרות.
עצם הדיבור והשיתוף, יחד עם תחושת הנוכחות העוטפת,
מאפשרים לאדם להיפתח לרובד עמוק יותר בתוכו,
ושם לגלות את העצה - את העצמי.

לדוג עצה

יושבים יחד עם חבר או חברה. האחד משתף במשהו שהוא רוצה להתייעץ לגביו, בהתלבטות שהוא מצוי בה.

השני מקשיב בהקשבה סבלנית, בלי לדחוק בדברים, ובלי לקפוץ אל הפתרונות.

ניתן לשאול שאלות המעמיקות את ההבנה: "מה מרגיש הכי חשוב בהתלבטות הזו?", "מה היית רוצה שיקרה?", "מה מונע ממך?". מקשיבים לא רק למילים, אלא גם לרגש שמאחוריהן.

לאחר השיתוף, המקשיב מנסה 'לדוג' עצה מתוך דבריו של המתלבט. למצוא את העצה המונחת בדבריו שלו.

לאט-לאט, כמו עץ הצומח מן האדמה, תצמח גם העצה. תתגלה מתוך האדם, תתבהר מתוך המציאות.

המקשיב משתף בעצה שהוא שומע בדבריו של החבר, ומציע אותה בעדינות, כאפשרות בלבד.

הוכח תוכיח

טוֹבָה תּוֹכַחַת מְגֻלָּה מֵאַהֲבָה מְסֻתָּרֶת.

משלי כז, ה

תניא, רבי אומר: איזו היא דרך ישרה שיבור לו האדם?
יאהב את התוכחות,
שכל זמן שתוכחות בעולם - נחת רוח באה לעולם,
טובה וברכה באין לעולם,
ורעה מסתלקת מן העולם,
שנאמר: (משלי כד כה) "ולמוכיחים ינעם ועליהם תבא ברכת טוב". [...]
אמר רבי שמואל בר נחמני אמר רבי יונתן:
כל המוכיח את חבירו לשם שמים -
זוכה לחלקו של הקדוש ברוך הוא, שנאמר: (משלי כח כג)
"מוכיח אדם אחרי".
ולא עוד, אלא שמושכין עליו חוט של חסד, שנאמר (שם):
"חן ימצא ממחליק לשון".

בבלי תמיד כח ע"א

אַף־עַל־פִּי שֶׁתּוֹכָחָה הוּא דָּבָר גָּדוֹל,
וּמֻטָּל עַל כָּל אֶחָד מִיִּשְׂרָאֵל לְהוֹכִיחַ אֶת חֲבֵרוֹ,
כְּשֶׁרוֹאֶה בּוֹ שֶׁאֵינוֹ מִתְנַהֵג כַּשּׁוּרָה,
כְּמוֹ שֶׁכָּתוּב (ויקרא יט יז): הוֹכֵחַ תּוֹכִיחַ אֶת עֲמִיתֶךָ,

אַף־עַל־פִּי־כֵן לָאו כָּל אָדָם רָאוּי לְהוֹכִיחַ. [...]
כִּי כְּשֶׁהַמּוֹכִיחַ אֵינוֹ רָאוּי לְהוֹכִיחַ,
אֲזַי לֹא דַּי שֶׁאֵינוֹ מוֹעִיל בְּתוֹכַחְתּוֹ,
אַף גַּם הוּא מַבְאִישׁ רֵיחַ שֶׁל הַנְּשָׁמוֹת הַשּׁוֹמְעִים תּוֹכַחְתּוֹ.
[...] אֲבָל כְּשֶׁהַמּוֹכִיחַ רָאוּי לְהוֹכִיחַ, אֲזַי אַדְּרַבָּא,
הוּא מוֹסִיף וְנוֹתֵן רֵיחַ טוֹב בְּהַנְּשָׁמוֹת עַל־יְדֵי תּוֹכַחְתּוֹ.

רבי נחמן מברסלב, ליקוטי מוהר"ן חלק ב ח

לעיתים אנו נמנעים מלומר לזולת את שעל ליבנו -
לא רוצים לפגוע, לא רוצים להתערב,
יודעים שלא כל אחד ראוי להוכיח.
מאידך, לעיתים חוסר תוכחה
הוא ביטוי לאדישות, להתעלמות
ואולי אף לחוסר אכפתיות כלפי הזולת.

כשעולה הצורך להוכיח, לשקף לאדם דבר מה בעצמו או במעשיו,
הדרך להוכיח היא באמצעות הנכחה, שיקוף ונוכחות עימו -
להשאיר ערוץ פתוח המאפשר מפגש של אמת, כנות ופגיעות.

אם אני מאמין שהאדם שמולי שואף לטוב, ויודע מהו הטוב
עיקר תפקידי הוא לעזור לו **להיות.**
בנוכחותי המלאה עבורו,
הוא יוכל להיות במלואו ולפקוח עיניים לעצמו ולמצבו.

הנוכחות שלי מגבירה את נוכחותו ומסייעת לו להתעורר.
במקום להוכיח - להנכיח.
לסייע לו לשים לב, להזמין אותו לראות היכן הוא מונח.

פנים אל פנים

בוחרים דמות בחייכם שאתם חשים שהתנהגותה אינה ראויה, או שיש לכם ביקורת על מעשיה.

מתכוננים למפגש עימה, שבו תאמרו את אשר על ליבכם. שאלו את עצמכם: כיצד אדבר עימה פנים אל פנים? אילו מילים לבחור? ובעיקר - מה יאפשר לי להיות עימה בנוכחות מלאה, לא שיפוטית, נקייה?

לעיתים נגלה כי עצם ההכנה התודעתית הזו כבר פועלת את פעולתה, והרצון לומר את הדברים בפועל מתייתר מאליו.

שכינה ביניהם

וּבְבֹא מֹשֶׁה אֶל אֹהֶל מוֹעֵד לְדַבֵּר אִתּוֹ
וַיִּשְׁמַע אֶת הַקּוֹל מִדַּבֵּר אֵלָיו מֵעַל הַכַּפֹּרֶת אֲשֶׁר עַל אֲרֹן הָעֵדֻת
מִבֵּין שְׁנֵי הַכְּרֻבִים
וַיְדַבֵּר אֵלָיו.

במדבר ז, פט

דרש רבי עקיבא:
איש ואשה זכו שכינה ביניהן
לא זכו אש אוכלתן.

בבלי סוטה יז ע"א

אמר רבי תנחום אמר רבי חנילאי:
כל אדם שאין לו אשה
שרוי בלא שמחה, בלא ברכה, בלא טובה.
בלא שמחה דכתיב "ושמחת אתה וביתך"
בלא ברכה דכתיב "להניח ברכה אל ביתך"
בלא טובה דכתיב "לא טוב היות האדם לבדו".

בבלי יבמות סב ע"ב

תחת החופה אנו מברכים:
"שמח תשמח רעים האהובים"
רעים האהובים ולא רעים האוהבים.
המתנה הגדולה ביותר שאדם יכול להעניק לרעהו
היא הידיעה שהוא אהוב,
לאפשר לו ללכת בעולם מתוך הרגשה שיש לו גב ועוגן.

כאשר התנועה הזו היא הדדית,
נוצר מרחב משותף - שכינה ביניהם.
במרחב זה אנו נפגשים,
כמו בארון הברית ששם הקול נשמע
מבין הכרובים.
בתווך, בחלל,
השניים מתלכדים והופכים לקול אחד.

כאשר כל אחד מְפַנֶּה מקום לשני
ומאפשר לו פשוט להיות,
יכולים להתקיים השניים
והשלישי שביניהם.
השכינה יכולה לשכון
ביניהם, במקום הפנוי.

כמו הלבנה, הממעטת עצמה ומאפשרת לחמה להאיר
נהיֶה כמו שתי לְבֵנות.
לא נמהֵר למלא את החלל
ניתֵן מקום.
מיעוט ה'אני', המוכנות להיות בבחינת 'אַין',
מאפשרת את ה'יש', מזמינה את השפע.

המקום הוא כלי -
כך בונים בית
כך זוכים לביתיות
שמכוחה נתהלך בעולם רפויים יותר,
אהובים יותר.

בחופה אנו מזמינים את הדורות הקודמים,
ואת הילדים שיוולדו לנו בע"ה
זרענו וזרע זרענו.
משחררים אחיזה, יוצרים רציפות.
אנחנו חלק -
לא רק אתה ואני,
אני ואת.
אנחנו חלק משרשרת דורות
חלק מהוויה קדומה ועתידית.
אנחנו לא לבד:
שכינה בינינו
עוטפת אותנו
אנחנו לא רק שניים
יש משהו מעבר לנו שאליו אנו משתייכים.

שכינה בינינו

יושבים יחד, קרובים זו לזה, ומתחברים למרחב המשותף שביניכם:

עוצמים עיניים במשך כמה דקות.

מנסים לחוש את השכינה האופפת אתכם, את נשמותיכם המתקשרות זו עם זו.

מתבוננים כיצד הווייתכם הנפרדת מתמוססת אל עבר האחד שנולד מתוך השניים שאתם.

מקדישים לכך מספר דקות של שקט והתבוננות משותפת.

תפילה בשניים

בהשראת תפילתם של יצחק ורבקה, שנאמר עליהם "זה עומד בזוית זו ומתפלל וזו עומדת בזוית זו ומתפללת", יושבים כל אחד בפינה נפרדת בחדר ופונים אל ה' בתפילה על הקשר ביניכם ועל בן או בת הזוג.

לאחר התפילה, יושבים יחד ומשתפים זה את זו בתפילות.

אפשר להעלות את התפילה על הכתב ולהקריא אותה אחד לשני.

שלום בית

יְהִי־שָׁלוֹם בְּחֵילֵךְ שַׁלְוָה בְּאַרְמְנוֹתָיִךְ.

תהילים קכב, ז

שִׂים שָׁלוֹם, טוֹבָה וּבְרָכָה, חַיִּים חֵן וָחֶסֶד, צְדָקָה וְרַחֲמִים עָלֵינוּ
בָּרְכֵנוּ אָבִינוּ כֻּלָּנוּ כְּאֶחָד בְּאוֹר פָּנֶיךָ
כִּי בְאוֹר פָּנֶיךָ נָתַתָּ לָּנוּ ה׳ אֱלֹהֵינוּ,
אַהֲבָה וָחֶסֶד, צְדָקָה וְרַחֲמִים,
בְּרָכָה וְשָׁלוֹם
וְטוֹב בְּעֵינֶיךָ לְבָרְכֵנוּ בְּרָב־עֹז וְשָׁלוֹם.

מתוך תפילת עמידה

אחד האנשים ואחד הנשים, חייבים להיות בבתיהם נר דלוק בשבת;
אפילו אין לו מה יאכל שואל על הפתחים ולוקח שמן ומדליק
את הנר,
שזה בכלל עונג שבת הוא:
הנשים מוזהרות בו יותר, מפני שמצויות בבית
ועוסקות בצרכי הבית.
אם אין ידו משגת לקנות נר לשבת ולקידוש היום, נר שבת קודם.
וכן אם אין ידו משגת לקנות נר לשבת ונר לחנוכה,
נר שבת קודם משום שלום הבית,
דאין שלום בבית בלא נר.

שולחן ערוך אורח חיים, סימן רסג ב-ג

חלק חשוב מהחיים המשותפים תלוי ביכולת להיות ביחד ולחוד.
קשר טוב וחזק בנוי מתנועה של רצוא ושוב,
קרבה וריחוק,
נסירה וחיבור מחדש,
אחור באחור ופנים בפנים,
חיזור מתמשך לעורר את האהבה.

הברית שנכרתה בחופה בעת הקידושין
כוחה רב לה לשמר את המחויבות,
אך תמונות החתונה של הזוג המאושר
נוטות לעיתים להיסדק אל מול ימי החולין.
נדרשות דרכים מתחדשות לשמר את הרעננות שבקשר,
את החיות והרלוונטיות שלו.
בעולם השאפתני, התחרותי, המשווה והשופט,
יש רגעים שנפער פער,
זיק האהבה ששרה בינינו כבה לרגע.
מריבות וכעסים נובעים תמיד מהציפייה שיהיה אחרת,
מההרגשה שלא כך הדברים אמורים להיות.
אך הקרבה והריקוד המשותף מחייבים לעיתים גם דריכה איש על
אצבעות רגלי רעהו.
כעוצמת האהבה, השמחה והתענוג,
כך גם יכולים להופיע אכזבה ורגשות שליליים נוספים.
היכולת להביט על הקיים, לעבוד עם מה שיש -
מולידה שמחה ואמון.

תובנה זו מזמינה לבחור בכל פעם מחדש להתפייס, למחול,
ללמוד מחדש איש את מקום רעהו,
לכבד את החסרונות מנקודת מבטו של בן הברית.

החיים הם דו־שיח מתמיד,
בכל רגע טמונה הזמנה לתיקון וגדילה.

שלום בית הוא היכולת ליצור יחד דבר שלם
כל אחד מאיתנו חלקי, חסר
ורק יחד נוצרת הוויה שלמה.
איזהו עשיר - השמח בחלקו,
שמח בחלקיותו.
ההבנה כי אנו יוצרים יחד מרחב משותף שלֵם,
מאפשרת לנהוג בנדיבות, בלב פתוח ומתוך קבלה ללא תנאי.
האמונה בכוחו של השלם שלנו, הגדול מסך חלקיו,
תוליד את פירות האהבה בעיתם ובזמנם.
עושה השלום במרומיו, מְאַחֵד ההפכים -
שים שלום בינינו.

למלא את החיסרון

יושבים במקום שקט ועורכים רשימה של דברים שחשים כי חסרים בקשר הזוגי כפי שהוא כעת.

חושבים: מה ביכולתי לעשות כדי למלא חסר זה? איזו איכות חסרה בו כרגע שאני יכול למלא?

רושמים את התובנות, בוחרים דבר אחד מהרשימה ליישום השבוע, ושמים לב להשפעה שלו על הקשר הזוגי.

שלושה שותפים

אַל תִּירָא כִּי עִמְּךָ אָנִי
אַל תִּשְׁתָּע כִּי אֲנִי אֱלֹהֶיךָ
אִמַּצְתִּיךָ אַף עֲזַרְתִּיךָ
אַף תְּמַכְתִּיךָ בִּימִין צִדְקִי.

ישעיהו מא, י

תנו רבנן שלשה שותפין יש באדם:
הקב"ה ואביו ואמו.

בבלי נידה לא ע"א

"ואהבת לרעך כמוך" וגו׳,
פירוש הפסוק ואהבת לרעך,
שכמו שאתה תתנהג עם רעך באהבה ואחדות,
"כמוך אני ה׳", שאני ה׳ אהיה כמוך,
והוא בסוד (תהלים קכא ה) "ה׳ צלך" שנתבאר בדברי מרן אלקי
הבעש"ט,
שכמו שאדם מתנהג למטה עם חבירו ורעו, באהבה ובמדות טובות,
וכך יתנהג עמו מלך עליון,
וכמו הצל, שכל תנועה שאדם עושה כך עושה הצל כנגדו,
כן הוא יתברך עם האדם,
וזהו ואהבת לרעך, כי כמוך אני ה׳,
להתנהג גם עמך באהבה וכל טוב.

בעל שם טוב על התורה, פרשת קדושים

הרפואה ההוליסטית רואה את האדם כמכלול:
גוף ונפש, איברים שונים, אורח החיים והסביבה - הכול אחד.
כך גם המציאות כולה היא אורגניזם חי אחד,
שבו הכול קשור ומזין:
הנגלה לעין והסמוי ממנה
האש השחורה והאש הלבנה
הכול יחד יוצר את השלם.

בקשרים השונים שאנו רוקמים בחיינו
מתקיים רובד גלוי
ולצדו יסוד נסתר.
שלושה שותפים באדם
אביו ואמו הנוכחים בגופם,
והקב"ה - הנסתר, אך קיים לא פחות.
ה' צלך
מצוי, מציץ ומלווה במשעולי חיינו,
שותף ברגעים הגדולים והקטנים.

תודעת השותפות מזכירה: איננו לבד.
כך יש מקום גם לחיסרון, לנזקקות, לחולשה.
בקשר הזוגי, בגידול ילדים, בחינוך תלמידים,
בכל אתגרי החיים
הקב"ה ניצב לעזרתנו.
אפשר לפנות אליו, לבקש, להישען.

ההבנה שאיננו לבד מאפשרת להימנע מלמלא את החלל
להבין את יחסי הגומלין וההשפעות ההדדיות שבכל מערכת
יחסים.

הכול זורם לכל הכיוונים:
הוויתור על האחיזה העצמית מפנה מקום
להתעניינות, לאכפתיות, לדאגה ורגישות.

הכיסא הריק

יושבים יחד בזוג ומניחים כיסא נוסף, ריק, בתווך.
הכיסא הריק מייצג את 'השותף השלישי' בקשר.
שואלים: לְמה השותף השלישי זקוק כדי 'להרגיש בבית' בביתכם?
כיצד תאפשרו לו להיות נוכח ביניכם?
אם תקשיבו לקולו, מה יאמר לכם השותף השלישי?
מה הוא מזהה בקשר שלכם?
איזו עצה יש לו עבורכם?
במה הוא מברך אתכם?

שער שלישי: אנחנו

מדרש פנים בפנים / סיון הר שפי

אָדָם כְּשֶׁהוּא לְעַצְמוֹ, פָּנָיו כְּאֶסְפַּקְלַרְיָא הַמְּכֻסָּה.
אֵינוֹ מַרְאֶה פָּנָיו לְאַחֵר, וְאֵין רוֹאֶה פְּנֵי עַצְמוֹ.
עֵינָיו אֵינָן אֶלָּא עֵינַיִם, אָזְנָיו אֵינָן אֶלָּא אָזְנַיִם, וְאֵין פִּיו
כִּי אִם פֶּה.
אֲבָל כַּאֲשֶׁר בָּאִים פָּנִים בְּפָנִים,
אֲזַי נִגְדָּשׁ הַלֵּב וְעוֹלֶה וּמְבַקֵּשׁ לָצֵאת מֵאַתְרוֹ.
וּבָא עַד פִּתְחֵי הַפָּנִים וּמֵצִיץ מֵהֶם בְּאוֹר
שֶׁאֵין עוֹד כְּמוֹתוֹ כִּי אִם בְּלֵב זֶה.
אַף כָּךְ לֵב שֶׁכְּנֶגְדּוֹ.
אֲזַי נִמְלָאוֹת הָעֵינַיִם בַּלֵּב.
וְכֵן נִמְלָאוֹת אוֹתָן עֵינַיִם בַּלֵּב שֶׁבָּעֵינַיִם שֶׁכְּנֶגְדָּן.
וְנִשְׁקָפוֹת עֵינֵי לֵב בְּעֵינֵי לֵב,
וּמְקַבְּלוֹת עֵינַיִם מֵעֵינַיִם כֶּפֶל לֵב: לֵב חֲבֵרוֹ וְלֵב עַצְמוֹ.
שֶׁלְּכָךְ נֶאֱמַר בְּכָל לְבָבְךָ. ב׳ לְבָבוֹת כְּאֶחָד.
עוֹד כַּאֲשֶׁר הַפָּנִים בְּפָנִים, נִמְלָא הַפֶּה לֵב.
וּמוֹצִיא דִּבּוּר מְלַבֵּב, שֶׁהוּא כֻּלּוֹ לֵב.

וְזֶהוּ וְנָהָר יֹצֵא מֵעֵדֶן לְהַשְׁקוֹת אֶת הַגָּן.
וְהָאָזְנַיִם כַּאֲשֶׁר הֵן נִמְלָאוֹת לֵב, הֲרֵיהֶן כְּחוֹבְרוֹת אִשָּׁה אֶל אֲחוֹתָהּ,
וּמִצְטָרְפוֹת בְּצוּרָתָן לְצוּרַת לֵב,
וּכְרוּיוֹת כְּאֶחָד לְקַבֵּל לְתוֹכָן דִּבּוּרֵי הַלֵּב שֶׁל חֲבֵרוֹ,
כְּאוֹמְרוֹת, הַיּוֹשֶׁבֶת בַּגַּנִּים חֲבֵרִים מַקְשִׁיבִים לְקוֹלֵךְ הַשְׁמִיעִינִי.
וּמְקַבְּלִים זֶה מִזֶּה.
אֲזַי גַּם הָרוּחַ הַבָּאָה בְּאַפָּיו מְפִיחָה גַּנּוֹ
וְעוֹלִים לְפָנָיו בְּשָׂמָיו וּבְשָׂמֵי חֲבֵרוֹ מָה שֶׁלֹּא הֵרִיחַ קֹדֶם לָכֵן,
שֶׁאֵין הָרֵיחַ עוֹלֶה אֶלָּא אִם יֵשׁ לוֹ דּוֹרֵשׁ וּמְטַלְטֵל.
וְאֵלּוּ הֵם רֵיחוֹת נר״ן ח״י.
וְיֵשׁ שֶׁהָעֵינַיִם מְלֵאוֹת לֵב עַד שֶׁהֵן נוֹזְלוֹת לֵב,
כַּכָּתוּב מַעְיַן גַּנִּים בְּאֵר מַיִם חַיִּים וְנֹזְלִים מִן לְבָנוֹן.
וְכָתוּב, כַּמַּיִם הַפָּנִים לְפָנִים, כֵּן לֵב הָאָדָם לָאָדָם.
אִם כָּךְ בִּשְׁנַיִם, עַל אַחַת כַּמָּה וְכַמָּה בַּחֲבוּרָה.
שֶׁנַּעֲשִׂים הַפָּנִים זֶה לָזֶה מַרְאוֹת הַצּוֹבְאוֹת.
וּמִי זֹאת הַנִּשְׁקָפָה בָּהֶן?
עָלֶיהָ נֶאֱמַר, עֲשָׂרָה שֶׁיּוֹשְׁבִין וְעוֹסְקִין בַּתּוֹרָה,
שְׁכִינָה שְׁרוּיָה בֵּינֵיהֶן.
נִמְצָא הַשָּׁלֵם גָּדוֹל מִסַּךְ חֲלָקָיו.

חבורות

וְהֲוָה רִבִּי שִׁמְעוֹן וְכֻלְּהוּ חַבְרַיָּיא מְרַנְּנִין בְּרִנָּה דְאוֹרַיְיתָא,
וּמְחַדְּשָׁן מִלִּין דְאוֹרַיְיתָא
כָּל חַד וְחַד מִנַּיְיהוּ.
וְהֲוָה חָדֵי רִבִּי שִׁמְעוֹן וְכָל שְׁאָר חַבְרַיָּיא.
אָמַר לוֹן רִבִּי שִׁמְעוֹן: בָּנַי זַכָּאָה חוּלַקְכוֹן
בְּגִין דִּלְמָחָר לָא תֵיעוּל כַּלָּה לַחוּפָּה אֶלָּא בַּהֲדַיְיכוּ.
בְּגִין דְּכֻלְּהוּ דִּמְתַקְּנִין תִּקּוּנָהָא בְּהַאי לֵילְיָא וְחָדָאן בָּהּ,
כֻּלְּהוּ יְהוֹן רְשִׁימִין וּכְתִיבִין בְּסִפְרָא דְּדָכְרָנַיָּא,
וְקוּדְשָׁא בְּרִיךְ הוּא מְבָרֵךְ לוֹן בְּשִׁבְעִין בִּרְכָאן וְעִטְרִין דְּעָלְמָא עִלָּאָה.

זוהר חלק א דף ח ע"א

והיה ר' שמעון וכל החברייא מרננים ברינת התורה
ומחדשים בדברי התורה כל אחד ואחד מהם
והיה שמח ר' שמעון וכל שאר החברייא
אמר להם ר' שמעון: בני, אשרי חלקכם
משום שלמחר לא תכנס הכלה לחופה אלא עמכם
משום שכולם מתקנים תקונים באותו הלילה ושמחים בה
כולם יהיו רשומים וכתובים בספר הזכרונות
והקב"ה מברך אותם בשבעים ברכות ועיטורים של עולם העליון.

שם, תרגום הסולם

גם פעם אחת הלך עם החברים למירון לקבר הרשב״י
ואמר להם לחברים חברי במקום הזה ישב הרשב״י עם החברים
לסדר האידרא רבה
ועדיין רישומו של האור במקום הזה
כי כבר נודע שאפילו האור מסתלק תמיד נשאר רשומו של האור
במקום ההוא.
אחר כך ישב במקום רשב״י והושיב לרבי חיים ויטאל
במקום ר׳ אלעזר
וחכם ר׳ יהונתן במקום ר׳ אבא וחכם ר׳ גדליא במקום ר׳ יהודא
וחכם ר׳ יוסף מוגרבי במקום ר׳ יוסי וחכם ר׳ יצחק הכהן
במקום ר׳ יצחק
כן על דרך זה הושיב שאר החברים במקום שהיו חברי רשב״י.
גם היה אומר היום האיר בחברי תנא פלוני
אחר כך למד עם החברים האדרא
וגילה להם סודות ורמזים שרמזם הרשב״י באידרא.

שבחי האר״י פרק י

לאורך הדורות התהלכו חבורות רבות על פני האדמה
החל ברשב"י וחבורתו שהמתיקו יחד את סודות הזוהר
אל האר"י הקדוש וגוריו,
הרמח"ל וחבורתו
ובעקבותיהם עוד ועוד חבורות שהתכנסו
להניח את הלב במרכז החיים
ליצור מרחב של הארת פנים
בו ניתן לפנות יחד אל ה' ולבקש את פניו.
בני החבורה לומדים יחד, מתפללים יחד,
רוקמים יחד חלומות ופותחים את הלב באהבה אלו לאלו.
יוצרים מרחב של דיבורי אמת,
של הקשבה עמוקה ומפגש מלא אמון.

אם ברווח הנוצר בין שני אנשים, זוג או חברותא,
יכולה להתגלות השכינה שביניהם
אזי בחבורה יש כר נרחב יותר להתגלות.
המעגל רווי באהבת חברים
מזמין דיבור בשפת הנסתר
דברים היוצאים מן הלב נכנסים אל הלב
כמעט בלי מילים.
מעבר לרובד הגלוי לעין
נרקמת בין החברים התקשרות עדינה
המאפשרת גילוי שיש עימו רמז וסוד.

אנן בחביבותא תליא מילתא

חַדֵּי רַבִּי שִׁמְעוֹן וְאָמַר, (חבקוק ג ב) "ה' שָׁמַעְתִּי שִׁמְעֲךָ יָרֵאתִי".
הָתָם יֵאוֹת הֲוָה לְמֶהֱוֵי דָּחִיל.
אֲנָן בַּחֲבִיבוּתָא תַּלְיָא מִלְּתָא,
[=שם ראוי היה להיות ירא,
אנו - באהבה תלוי הדבר]
דִּכְתִיב, (דברים ו ה) "וְאָהַבְתָּ אֵת ה' אֱלֹהֶיךָ",
וּכְתִיב (דברים ז ח) "מֵאַהֲבַת ה' אֶתְכֶם",
וּכְתִיב (מלאכי א ב) "אָהַבְתִּי אֶתְכֶם" וְגוֹ'.

זוהר חלק ג דף קכח ע"א

איתא מבעש"ט ז"ל על הפסוק "אנכי עֹמד בין ה' וביניכם"
(דברים ה ה),
שהאנכיות שמרגיש באדם בקרבו דואג ורודף רק צרכי עצמו
זהו עומד ומפסיק בין ה' וביניכם עד כאן לשונו הקדוש.
אבל לבטל את האנכיות של האדם רק באהבת חברים יכולים,
ולא כשהוא איש נפרד לעצמו,
וזה הרמז אנכי עומד,
כשאנכי עומד לעצמו אז זהו בין ה' וביניכם.
כלומר, חשבנו שמה האיש מרגיש כל כך אנוכיות בעצמו
עד שבכל חושיו שקוע לדאוג רק לעצמו,
זאת היא מין התחזקות פנימית.

כיון שנפשו בפנימיותה רואה איך
כל בני האדם דואגים רק לעצמם,
מרגשת היא את עצמה יחידה וגלמודה בעולם,
ומי ידאג למענה?
לכן היא עומדת על נפשה,
ומתחזקת לדאוג בשביל עצמותה,
עד שלאט לאט מתפתח ומתחזק בקרבה מין עוקץ רע,
אנכיות, רק בשבילי, אני ואפסי עוד.
[...] לכן העצה להמעיט ולגרש את האנכיות מלב האדם
ולא יתרחק על ידי זה מה' היא,
שיתקשרו עובדי ה' ומטהרי הנפש יחד,
באהבת חברים,
וידאגו כל אחד לזולתו כמו לעצמו.
ידע כל אחד מדאגת ושמחת חבירו וישתתף בהם וכו',
ומה כל שכן בעניני העבודה
עבודת הלב במחשבה המוח והלב וכו'.
וממילא כל אחד מהם לא יראה את עצמו
בפנימית נפשו לגלמוד בעולם,
ויקל לו לשרש את האנכיות מקרבו.

רבי קלונימוס קלמיש שפירא, צו וזירוז מה

החבורה היא מרחב של הארת פנים
של תיקון והמתקת ההתקשרות החברתית
המרת התחרות והקנאה, מאבק ההישרדות
הציניות והשיפוטיות -
בכנות והשלמה, בכבוד ובאהבה
ברצון ללמוד מכל אדם ולקבל ממנו
להצמיח ולחזק איש את רעהו.
כוחה של החבורה בהיותה מכפלה
של כיסופים ורצונות טובים
מרחב של דיבוק חברים
היוצר מוקד משותף ושפה פנימית.
כאשר כל אחד שׂם את ליבו
נוצרת הצטרפות של לבבות
הפועמים כאחד.

בחבורה מתגלה 'נקודת הצדיק' של כל אחד לחברו
החברוּת מעמיקה
וכוחה של הידידות מתגלה.
העבודה בחבורה יכולה ליצור קשרי חברות אמיצים
הממשיכים ונשמרים לאורך שנים
מתוך ליווי של בני החבורה במשעולי החיים.
וכפי שהכריז רשב"י
אנן בחביבותא תליא מילתא
בחביבות, במתיקות האהבה והלב הטוב
תלוי הכול.

אז נדברו

אָז נִדְבְּרוּ יִרְאֵי ה׳ אִישׁ אֶל רֵעֵהוּ
וַיַּקְשֵׁב ה׳ וַיִּשְׁמָע
וַיִּכָּתֵב סֵפֶר זִכָּרוֹן לְפָנָיו
לְיִרְאֵי ה׳ וּלְחֹשְׁבֵי שְׁמוֹ.

מלאכי ג, טו

מִי שֶׁאִי אֶפְשָׁר לוֹ לִלְמֹד כְּלָל,
כְּגוֹן שֶׁהוּא עַם הָאָרֶץ, אוֹ שֶׁאֵין לוֹ שׁוּם סֵפֶר, אוֹ שֶׁהוּא בַּמִּדְבָּר,
רַק שֶׁלִּבּוֹ בּוֹעֵר בּוֹ וְנִכְסָף מְאֹד לִלְמֹד וְלַעֲבֹד אֶת הַשֵּׁם,
אֲזַי מַה שֶּׁהַלֵּב חוֹמֵד לִלְמֹד,
זֶה בְּעַצְמוֹ הוּא בְּחִינַת לִמּוּד מִתּוֹךְ הַסֵּפֶר.
כִּי נִמְצְאוּ בָּעוֹלָם שְׁנֵי צַדִּיקִים שֶׁמְּדַבְּרִים זֶה לָזֶה,
וְהֵם בְּרִחוּק מָקוֹם זֶה מִזֶּה כַּמָּה מֵאוֹת פַּרְסָאוֹת.
הַיְנוּ שֶׁזֶּה הַצַּדִּיק מַקְשֶׁה קֻשְׁיָא בַּתּוֹרָה,
וְהַצַּדִּיק הַשֵּׁנִי שָׁם בִּמְקוֹמוֹ, וְאוֹמֵר דָּבָר שֶׁהוּא תֵּרוּץ עַל הַקֻּשְׁיָא
שֶׁל הַצַּדִּיק הָרִאשׁוֹן.
וְכֵן לִפְעָמִים זֶה מַקְשֶׁה וְזֶה מַקְשֶׁה, וְהַקֻּשְׁיָא שֶׁל הָאֶחָד הוּא תֵּרוּץ
עַל קֻשְׁיָא שֶׁל חֲבֵרוֹ,
וְעַל־יְדֵי־זֶה הֵם נִדְבָּרִים זֶה לָזֶה,
וְזֶה אֵין שׁוּם אָדָם שׁוֹמֵעַ כִּי אִם הַקָּדוֹשׁ בָּרוּךְ הוּא בְּעַצְמוֹ.
וְזֶהוּ: (מלאכי ג טז) ״אָז נִדְבְּרוּ יִרְאֵי ה׳ אִישׁ אֶל רֵעֵהוּ״ –

הַיְנוּ שֶׁהֵם אֵינָם מְדַבְּרִים זֶה לָזֶה, רַק הֵם נִדְבָּרִים מִמֵּילָא,
עַל־יְדֵי שֶׁזֶּה מַקְשֶׁה וְזֶה מְתָרֵץ.
וְזֶה אֵין שׁוּם בְּרִיָּה שׁוֹמֵעַ כִּי אִם הַשֵּׁם יִתְבָּרַךְ,
וְזֶהוּ: "וַיַּקְשֵׁב ה' וַיִּשְׁמָע" - כִּי רַק הוּא יִתְבָּרַךְ שׁוֹמֵעַ,
וּמְחַבֵּר הַדְּבָרִים זֶה לָזֶה,
וְכוֹתְבָם בְּסֵפֶר לְזִכָּרוֹן, וְזֶהוּ: "וַיִּכָּתֵב בְּסֵפֶר זִכָּרוֹן".
וְזֶה הַסֵּפֶר שֶׁנִּכְתָּבִין עָלָיו דִּבְרֵיהֶם, הוּא בְּחִינַת לֵב שֶׁיֵּשׁ לְמַעְלָה,
שָׁם נִכְתָּבִין דִּבְרֵיהֶם, בִּבְחִינַת (משלי ג ג): "כָּתְבֵם עַל לוּחַ לִבֶּךָ".
וְזֶה שֶׁלִּבּוֹ בּוֹעֵר בְּקִרְבּוֹ וְחוֹשֵׁק לִלְמֹד, רַק שֶׁאִי אֶפְשָׁר לוֹ,
הוּא מְקַבֵּל לֵב מִלֵּב שֶׁלְּמַעְלָה, שֶׁהוּא בְּחִינַת סֵפֶר זִכָּרוֹן הַנַּ"ל,
וּמִשָּׁם מְקַבֵּל לִבּוֹ חֶשְׁקוֹ, וְהוּא בְּחִינַת לִמּוּד מִתּוֹךְ הַסֵּפֶר מַמָּשׁ.

רבי נחמן מברסלב, ליקוטי מוהר"ן חלק א קמב

הדיבור בחבורה פותח תדר מיוחד
של דיבור פנימי, הדובר **את** הדברים ולא **עליהם**
מדובב את השפתיים
לעיתים כביכול עולה הדיבור מאליו
אז נדברו
כמו הקול המְדַבֵּר מבין הכרובים.
שפת החבורה היא שפה שיש בה אהבה וכבוד
דיבור איש אל רעהו
איש, העומד מאחורי דבריו,
בבחינת 'רק על עצמי לספר ידעתי' -
דיבור בגוף ראשון יחיד, על עצמי ומתוכי
לא בשם הכלל, בשם ציבור או רעיון ואפילו לא בשם האמת
הניצחת.
דיבור היודע גם לפנות ולהפנות את הדברים
לא לדבר לחלל האוויר
אלא מתוך שיתוף ופנייה אל רעהו, אל הרֵע והידיד.
זוהי שפת הלב הפונה אל הלב ובזכות כך נכנסת אל הלב הקשוב
דברים היוצאים מן הלב נכנסים אל הלב.

הדיבור הפנימי של יראי ה׳ היושבים יחד
אותה איכות מיוחדת של הקשבה ונוכחות
מהווה הזמנה עמוקה לשכינה להיות נוכחת גם היא בינינו
מעורר סקרנות וחיבה אפילו בעולמות העליונים
ויקשב ה׳ וישמע.

לפתע מתגלה הפלא
של פגישת הצירים
איך המרחב האופקי שבין היושבים במעגל החבורה
משקף ומהדהד את המרחב האנכי שבינינו לבין הקב״ה
ולרגע
הכול אחד.

ברכה ראשונה

אמר רבי שמעון בן חלפתא,
לא מצא הקדוש ברוך הוא כלי מחזיק ברכה לישראל אלא השלום,
שנאמר (תהלים כט יא), ״ה׳ עז לעמו יתן ה׳ יברך את עמו
בשלום״.

משנה עוקצין ג, יב

ראשון הוא, שכולנו שנים עשר איש כמספר שבטי י־ה,
נהיה כולנו אוהבים זה לזה אהבה רבה,
אהבת נפש ואהבת הגוף
והכל לעשות נחת רוח ליוצרנו בדביקו דרוחא חדא [...]
ואיש את רעהו נפשו קשורה בנפשו,
שנהיה כולנו בנפש אחת רבה תפארת.
וכל אחד יעלה על חברו כאילו הוא חלק ממנו ממש,
בכל נפש ובכל מאד,
באופן שאם חס ושלום יהי צער לאחד ממנו,
לסייעו כולנו יחד או כל אחד בפרטות ככל הבא לידו
ועיקרו של דבר, להוכיח כל אחד לחבירו
אם חס ושלום שמע עליו איזה חטא,
אמן כן יהי רצון.

מתוך שטר ההתקשרות של חברת ׳אהבת שלום׳, ירושלים תקי״ח.

החבורה היא כלי מחזיק ברכה
כלי שבכוחו לתת מקום לברכה בחיינו
להופיע ולגדול בתוכו
לברך ולהתברך
כשם שמכוחה של הברכה לפני האכילה, מתברך המאכל
כך על מנת שהמפגש בינינו יתברך
אנחנו פותחים בברכה.

הברכה מכניסה את השותפים פנימה
ממרוץ החיים - אל הרגע הזה, המקום הזה, החבורה הזו.
ההזמנה של החבורה היא לעבור לזמן מה
לדיבור שיש בו נחת,
לרגע להשתהות, להיזכר מאין באתי ומה אני רוצה
על מה אני חולם.

הברכה הראשונה היא גם כניסה פנימה אל המעגל
אל החבורה
להיות נוכחים
לחוש את האנשים שסביבי ולתת לחלקי להיות מונח עימהם,
להיות חלק.

סגולתה של הברכה לעורר את החשק, להדליק את הניצוץ,
גם אם הגעתי בלי כוח, בלי אמון, בלי אמונה
הברכה היא מתנה לפתיחת הלב, לפתיחת הרצון
ומכוחה של הברכה בראשיתו מתברך המפגש כולו.

בוחרים אחת מהדרכים הבאות לפתיחת המפגש:

ברכת שלום

מסתובבים בחדר ועוצרים לברך איש את רעהו בשלום.

בכל פגישה עם חבר או חברה, נעצרים למספר שניות, מביטים בעיניים ומברכים בחום:

"טוב לפגוש אותך!" או כל ברכה אחרת שעולה מהלב.

מעגל ברכות

לאחר שמתיישבים במעגל, כל אחד פונה למי שיושב לימינו או משמאלו, מביט בעיניו ואומר לו: "אני שמח שאתה כאן". ניתן להוסיף מילים אישיות נוספות.

פתיחת הלב למפגש

משתפים במילה או משפט קצר:

- מה אני מזמינה שיתרחש כאן היום?
- איך הייתי רוצה לצאת בסיום?
- תפילה קצרה שעולה בי לקראת המפגש
- מה אני צריך להשאיר מחוץ לחדר כדי שאוכל להיות כאן במלואי?

שיתוף והגברת הקשב

משתפים בסבב קצר:

- משהו ששימח אותי השבוע
- מקום יפה שהייתי בו
- שאלה שאני הולכת איתה בימים אלו
- סיפור מצחיק שקרה לי הבוקר.

לפני הסבב אפשר להקדיש מספר דקות להשקטה משותפת: עצימת עיניים, נשימות עמוקות, התבוננות פנימה.

ניתן גם להתחיל בניגון קבוע או משתנה, השירה המשותפת והחזרתיות יכולות ליצור מעין עוגן לפתיחה.

לימוד

גידול אמר: כל האומר שמועה מפי אומרה יהא רואה בעל השמועה כאלו הוא עומד כנגדו.

ירושלמי שבת ו, ב

"הסכת" – עשו כתות ועסקו בתורה.
לפי שאין התורה נקנית אלא בחבורה.

בבלי ברכות סג ע"ב

לשמה - היינו ששומע תורה מאחרים
ולא מה שהוא רוצה לומר לאחרים
וכמו שאמר הכתוב (משלי יח ב) "לא יחפץ כסיל בתבונה כי אם בהתגלות לבו".
[...] וזהו הטעם לעניות דעתי שבא מצות תלמוד תורה פעמים רבות בתורה בלשון שמיעה כמו "והיה אם שמע תשמע" וכדומה כדי לרמוז לזה.

רבי חיים פאלאג'י, תורה וחיים סימן קכד

פָּתַח הַהוּא סָבָא וְאָמַר (שמות כד, יח)
וַיָּבֹא מֹשֶׁה בְּתוֹךְ הֶעָנָן וַיַּעַל אֶל הָהָר וְגוֹ' [...]
מָשָׁל לְמָה הַדָּבָר דּוֹמֶה?
לְרְחִימְתָא, דְּאִיהִי שַׁפִּירְתָּא בְּחֵיזוּ, וּשְׁפִירְתָּא בְּרֵיוָא,
וְאִיהִי טְמִירְתָּא בִּטְמִירוּ גּוֹ הֵיכָלָא דִּילָהּ,

וְאִית לָהּ רְחִימָא יְחִידָאָה, דְּלָא יַדְעִין בֵּיהּ בְּנֵי נָשָׁא,
אֶלָּא אִיהוּ בִּטְמִירוּ.
הַהוּא רְחִימָא, מִגּוֹ רְחִימָא דְּרָחִים לָהּ
עָבַר לִתְרַע בֵּיתָהּ תָּדִיר,
זָקִיף עֵינוֹי לְכָל סְטָר.
אִיהִי, יַדְעַת דְּהָא רְחִימָא אַסְחַר תְּרַע בֵּיתָהּ תָּדִיר,
מָה עַבְדַת, פָּתְחַת פִּתְחָא זְעֵירָא בְּהַהוּא הֵיכָלָא טְמִירָא, דְּאִיהִי תַּמָּן,
וּגְלִיאַת אַנְפָּהָא לְגַבֵּי רְחִימְאָה, וּמִיָּד אִתְהַדְּרַת וְאִתְכַּסִיאַת.
כָּל אִינּוּן דַּהֲווֹ לְגַבֵּי רְחִימָא, לָא חָמוּ וְלָא אִסְתַּכָּלוּ,
בַּר רְחִימָא בִּלְחוֹדוֹי, וּמֵעוֹי וְלִבֵּיהּ וְנַפְשֵׁיהּ אָזְלוּ אֲבַתְרָהּ.
וְיָדַע דְּמִגּוֹ רְחִימוּ דִּרְחִימַת לֵיהּ, אִתְגְּלִיאַת לְגַבֵּיהּ רִגְעָא חֲדָא,
לְאִתְעָרָא רְחִימוּ לֵיהּ.
הָכִי הוּא מִלָּה דְּאוֹרַיְיתָא,
לָא אִתְגְּלִיאַת, אֶלָּא לְגַבֵּי רְחִימְאָהּ.
יַדְעַת אוֹרַיְיתָא, דְּהַהוּא חַכִּימָא דְּלִבָּא אַסְחַר לִתְרַע בֵּיתָהּ כָּל יוֹמָא,
מָה עַבְדַת, גְּלִיאַת אַנְפָּהָא לְגַבֵּיהּ, מִגּוֹ הֵיכָלָא,
וְאַרְמִיזַת לֵיהּ רְמִיזָא,
וּמִיָּד אָהַדְרַת לְאַתְרָהּ וְאִתְטַמְּרַת.
כָּל אִינּוּן דְּתַמָּן, לָא יַדְעֵי, וְלָא מִסְתַּכְּלֵי, אֶלָּא אִיהוּ בִּלְחוֹדוֹי,
וּמֵעוֹי וְלִבֵּיהּ וְנַפְשֵׁיהּ אָזִיל אֲבַתְרָהּ.
וְעַל דָּא, אוֹרַיְיתָא אִתְגְּלִיאַת וְאִתְכַּסִיאַת,
וְאַזְלַת בִּרְחִימוּ לְגַבֵּי רְחִימְהָא,
לְאִתְעָרָא בַּהֲדֵיהּ רְחִימוּ.

זוהר חלק ב דף צח ע"ב - דף צט ע"א

פָּתַח אותו סָבָא וְאָמַר, (שמות כד, יח) וַיָּבֹא מֹשֶׁה בְּתוֹךְ הֶעָנָן וַיַּעַל אֶל הָהָר וְגוֹ׳ [...]
משל למה הדבר דומה?
לאהובה, שהיא יפת מראה ויפת תואר,
והיא מסתתרת בסתר בתוך ההיכל שלה.
ויש לה אוהב אחד, שבני אדם אינם יודעים בו,
אלא הוא מסתתר.
אוהב ההוא מתוך האהבה שאוהב אותה,
עובר תמיד בשער ביתה,
נושא עיניו לכל צד.
היא, יודעת שאוהבה מסבב תמיד שער ביתה,
מה עושה, היא פותחת פתח קטן בהיכל ההוא הנסתר, שהיא שם,
ומגלה פניה אל אהובה,
ומיד חוזרת ומתכסית.
כל אלו שהיו עם האוהב, לא ראו ולא הסתכלו,
רק האוהב לבדו, שמעיו ולבו ונפשו הולכים אחריה,
ויודע שמשום האהבה שהיא אוהבת אותו, נתגלית אליו רגע אחד,
לעורר האהבה אליו.
כך הוא דבר תורה
אינה מתגלית אלא לאוהבה
יודעת התורה שחכם לב ההוא, מסבב שער ביתה בכל יום,
מה עשתה, גילתה פניה אליו מתוך ההיכל,
ורמזה לו רמז,
ומיד חזרה למקומה ונסתרה,
כל אלו משם לא ידעו ולא הסתכלו

אלא הוא בלבדו
ומעיו ולבו ונפשו הולכים אחריה.
ועל כן התורה מתגלה ומתכסה והולכת באהבה אל אוהבה,
לעורר עמו האהבה.

שם, תרגום הסולם

לימוד התורה בחבורה הוא כמו שיחה רבת משתתפים.
אל השיחה הערה אנו מזמינים אורח מן החוץ - אל המעגל
אורח זקן, שחכמתו עתיקה ומלאת ניסיון חיים, שמילותיו מדודות
וכמו בהכנסת אורחים, אנו קשובים לאורח שלנו,
אם הגיע עד הלום,
נרצה בכל מאודנו לשמוע מה יש לו לומר ולתת דווקא לנו.
ההקשבה לתורה, למקור שאנו לומדים יחד,
היא כהקשבה עמוקה לאורח יקר שאנו מנסים לדובב
ואת דבריו אנו שומעים בצמא ומשוחחים עימו על אודותיהם.
ראיית הלימוד כשיחה מאפשרת להפוך את הטקסט מדו־ממד -
לתלת־ממד,
מאותיות דוממות - לישות מְדַבֶּרֶת.

הלימוד אינו מבקש רק את השכל, את האינטלקט
אלא מבקש לפעול על החיים, לקחת אותם צעד קדימה.
לא נסתפק בהתפעלות 'וואו, איזה יופי של רעיון'
אלא נדרוש את הדברים, נדרוש מהם להיות משמעותיים עבורנו
ונדרוש מעצמנו לקחת אותם ברצינות אל חיינו.

התורה שדרכיה דרכי נועם
פועלת על נפשנו בעדינות
ממלאת אותנו באהבה
הלימוד מחלחל אט אט פנימה
מַשְׁרֶה את חיינו.

הצעה למהלך לימוד משותף בן ארבעה שלבים:

א. מה בו – הקשבה לפשט

- קוראים את המקור שנבחר ללימוד במפגש בקול, בקריאה איטית ומדויקת.
- מבקשים מאחד מן החברים לשקף במילותיו את תוכן הדברים: מה כתוב כאן. לפני הרגש שעולה, המחשבות, הזיכרונות, לפני ההתנגדות שהוא אולי מעורר. בשיקוף יש להיצמד למילות הטקסט בלבד, ללא פרשנות.

ניתן גם לבקש מכל אחד מבני החבורה לשקף משפט אחר מהטקסט, ובעת השיקוף לפנות לאחד מן החברים.

ב. מה ליבו – הבנת העומק

מנסים יחד לרדת ללב הדברים:

- מה הנקודה המרכזית בדברים? מהי ליבתם?
- מה מבקש הכותב או הדובר לומר לנו?
- מהו הרעיון העיקרי העולה מהטקסט? מהי הנקודה הפנימית?

כאשר הדבר מתאים, ניתן בשלב זה להזמין את אחד המשתתפים 'לתת

קול׳ לדובר ולדבר כביכול בשמו - יהא זה תנא, אמורא, או רבי חסידי שמתורתו למדנו.

נשאל: למה הדובר פנה דווקא אליי ולחש לי את הדברים?

ג. מה לי בו - חיבור אישי

מזמינים את המשתתפים לדמות לעצמם שהתורה נגלתה אליהם ולוחשת באוזניהם את הפסוק, או הרב שאת דבריו למדו לוחש באוזניהם וכביכול אומר להם: מכולם בחרתי דווקא בך לומר לך את הדברים הללו, פניתי אליך באופן מיוחד. משתפים:

- מה הטקסט אומר לי ברגע זה?
- במה הוא מאיר את ליבי?
- מה הוא דורש ממני?

ד. מה בי לו - תגובה והדהוד

לאחר שהקשיבו הקשבה עמוקה למקור הנלמד, כעת הלומדים מוזמנים להגיב על הטקסט ולדבר אליו. לפנות ל׳בעל השמועה׳ ולומר לו:

- מה הרגשתי בלימוד הדברים?
- אילו מחשבות עלו בי?
- היכן דבריו פוגשים אותי בחיי?
- מה מתעורר בי במפגש עם הטקסט?

לעיתים השאלה הרביעית יכולה גם להיות מנוסחת **׳מה בי לא׳** - כלומר מה בדברים קשה לי לקבל, מה מעורר בי התנגדות או תהייה, מה לא מתאים עבורי, או לזמן וכדומה.

מתורות לעצות

וְאָמַר: נִכְסַפְתִּי מְאֹד לְהַמְשִׁיךְ אֶת הָעוֹלָם אֶל עֲשִׂיָּה.

רבי נחמן מברסלב, שיחות הר"ן יט

וְזֶה בְּחִינַת קְרִיאַת הַתּוֹרָה בִּשְׁעַת הַתְּפִלָּה,
כִּי עִקַּר הַדֶּרֶךְ מֵאִיר עַל יְדֵי הַתּוֹרָה,
כִּי הַתּוֹרָה מְאִירָה אֶת הַדֶּרֶךְ,
כִּי עַל שֵׁם זֶה נִקְרֵאת תּוֹרָה, עַל שֵׁם שֶׁהִיא מוֹרָה לָנוּ אֶת הַדֶּרֶךְ,
כְּמוֹ שֶׁכָּתוּב (שמות יח כ), "לְהוֹרוֹת לָהֶם אֶת הַדֶּרֶךְ אֲשֶׁר יֵלְכוּ" וְכוּ'
וּכְמוֹ שֶׁכָּתוּב (תהילים קיט לב, קעג), "דֶּרֶךְ מִצְוֹתֶיךָ אָרוּץ וְכוּ'
דֶּרֶךְ פִּקּוּדֶךָ בָּחָרְתִּי" וְכוּ' [...]
וְעַל כֵּן עַל יְדֵי הַתּוֹרָה שֶׁקּוֹרִין בִּשְׁעַת הַתְּפִלָּה, עַל יְדֵי זֶה מְאִירִין
אֶת הַדֶּרֶךְ בַּיָּם,
דְּהַיְנוּ בִּבְחִינַת הַתְּפִלָּה, [...]
כִּי עִקַּר קְרִיאַת הַתּוֹרָה בִּשְׁעַת הַתְּפִלָּה
הוּא כְּדֵי לְהָאִיר הַדֶּרֶךְ בַּיָּם כַּנַּ"ל.

רבי נתן מברסלב, ליקוטי הלכות, אורח חיים, הלכות קריאת התורה, ג, ד

כִּי כְּלָלִיּוּת הַתּוֹרָה נִקְרֵאת עֵצָה,
כְּמוֹ שֶׁכָּתוּב, "לִי עֵצָה וְתוּשִׁיָּה אֲנִי בִינָה" וְכוּ',
בְּחִינַת תרי"ג עֵטִין דְּאוֹרַיְתָא,
כִּי עִקַּר כָּל מִצְווֹת הַתּוֹרָה הֵם בְּחִינַת עֵצוֹת קְדוֹשׁוֹת שֶׁהֵם בְּחִינַת
"מַיִם עֲמוּקִים עֵצָה" וְכוּ',

שֶׁעַל יָדָם גְּדֵלָה הָאֱמוּנָה,
כִּי עִקַּר תַּכְלִית הַתּוֹרָה הוּא הָאֱמוּנָה לְגַלּוֹת אֱמוּנָה הַקְּדוֹשָׁה בָּעוֹלָם,
לְמַעַן דַּעַת כָּל עַמֵּי הָאָרֶץ כִּי ה' הוּא הָאֱלֹהִים וְכוּ' וְכַנַּ"ל.
וְעַל כֵּן נָתַן לָנוּ תרי"ג עֵטִין דְּאוֹרַיְתָא שֶׁהֵם תרי"ג מִצְווֹת
שֶׁנִּקְרָאִים עֵצוֹת,
כִּי עַל יְדֵי הָעֵצוֹת גְּדֵלָה הָאֱמוּנָה שֶׁהוּא עִקַּר הַכֹּל כַּנַּ"ל.

רבי נתן מברסלב, ליקוטי הלכות, אורח חיים, הלכות תחומין וערובי תחומין ה, א

כאשר הלימוד בחבורה הוא לימוד חי ורענן
הוא מעורר בכל אחד מן הלומדים בקשה עמוקה.
מתוך הלימוד מתבהרות עצות, הדרכות
מה התורה מורה,
איזו הוראה טמונה בה לחיי
התורה חיה, ועל כן היא יכולה לחולל שינוי,
להשפיע על החיים.
העצה היא כמעין גשר הנמתח בין הלימוד אליי
היא מאפשרת למשוך את הלימוד אל מרחבי החיים.

המשכת הלימוד אל החיים נעשית בתנועה כפולה,
הן של כל אחד מן החברים אל חייו,
והן של החבורה כולה,
כפתח לעבודה קבוצתית משותפת.

התורה פונה מן הלב של העולם,
מלב הדברים
אל הלב של הלומדים בה.
כשהלב נפתח,
מתוך המים העמוקים של הלימוד
נדלית ומתבהרת העצה.

לאחר הלימוד המשותף, בוחרים באחת מהדרכים הבאות על מנת לעבור מן הלימוד המופשט לעבודה פנימית.

קריאת התורה

מקדישים זמן לכתיבה אישית:

התורה שלמדנו כעת יחד, לְמָה היא קוראת לי? מה אני שומע בקולה הדובר אליי? מה היא מורה לי? איזו עצה טמונה בדברים לחיי כרגע?

משתפים בזוגות בדברים שנכתבו.

לאחר מכן מתכנסים שוב למעגל המשותף וכל זוג משתף בתובנה אחת שהתבהרה בדיבור ביניהם.

התבוננות ממוקדת

בוחרים נושא מרכזי שעלה מתוך הלימוד (למשל: עין טובה, התחדשות, הקשבה)

מתבוננים יחד בנושא זה בעזרת שאלות מנחות כגון:

- היכן נושא זה מופיע בחיי?
- מה ארוויח אם אתן לו יותר מקום?
- מהם הקשיים שעלולים להתעורר בדרך?

כאשר הנושא מתאים לכך, ניתן לסיים בתרגול משותף קצר הממחיש את הנלמד.

לעשות מהתורות תפילות

בָּרוּךְ הוּא אֱלֹהֵינוּ שֶׁבְּרָאָנוּ לִכְבוֹדוֹ.
וְהִבְדִּילָנוּ מִן הַתּוֹעִים וְנָתַן לָנוּ תּוֹרַת אֱמֶת
וְחַיֵּי עוֹלָם נָטַע בְּתוֹכֵנוּ
הוּא יִפְתַּח לִבֵּנוּ בְּתוֹרָתוֹ
וְיָשֵׂם בְּלִבֵּנוּ אַהֲבָתוֹ וְיִרְאָתוֹ
וְלַעֲשׂוֹת רְצוֹנוֹ וּלְעָבְדוֹ בְּלֵבָב שָׁלֵם.

מתוך התפילה

רַבֵּנוּ זִכְרוֹנוֹ לִבְרָכָה הִזְהִיר אוֹתָנוּ כַּמָּה פְּעָמִים,
בְּכַמָּה מִינֵי לְשׁוֹנוֹת,
לַעֲשׂוֹת מֵהַתּוֹרוֹת תְּפִלּוֹת
וְאָמַר, שֶׁנַּעֲשֶׂה מִזֶּה שַׁעֲשׁוּעִים גְּדוֹלִים לְמַעְלָה
וְאָמַר, שֶׁעֲדַיִן לֹא עָלוּ שַׁעֲשׁוּעִים כָּאֵלֶּה לִפְנֵי הַשֵּׁם יִתְבָּרַךְ
כְּמוֹ אֵלּוּ הַשַּׁעֲשׁוּעִים שֶׁנַּעֲשִׂים מִתְּפִלּוֹת אֵלּוּ שֶׁעוֹשִׂים מִן הַתּוֹרוֹת
וְעוֹד דִּבֵּר מִזֶּה כַּמָּה וְכַמָּה פְּעָמִים עִם כַּמָּה וְכַמָּה בְּנֵי אָדָם.

רבי נתן מברסלב, מתוך ההקדמה לליקוטי תפילות

גַּם טוֹב לַעֲשׂוֹת מֵהַתּוֹרָה תְּפִלָּה.
דְּהַיְנוּ כְּשֶׁלּוֹמֵד אוֹ שׁוֹמֵעַ אֵיזֶה מַאֲמַר תּוֹרָה מִצַּדִּיק הָאֱמֶת,
אֲזַי יַעֲשֶׂה מִזֶּה תְּפִלָּה,
דְּהַיְנוּ לְבַקֵּשׁ וּלְהִתְחַנֵּן לְפָנָיו יִתְבָּרַךְ עַל כָּל מַה שֶּׁנֶּאֱמַר שָׁם בְּאוֹתוֹ הַמַּאֲמָר,
מָתַי יִזְכֶּה גַּם הוּא לָבוֹא לְכָל זֶה,
וְכַמָּה הוּא רָחוֹק מִזֶּה.
וִיבַקֵּשׁ מֵאִתּוֹ יִתְבָּרַךְ,
שֶׁיְּזַכֵּהוּ לָבוֹא לְכָל הַנֶּאֱמָר שָׁם בְּאוֹתוֹ הַמַּאֲמָר.

רבי נחמן מברסלב, ליקוטי מוהר"ן חלק ב כה

הגעגוע והרצון שמתעוררים במפגש עם התורה
מולידים תפילה
שהדברים באמת יקרו
שהלימוד לא יישאר באוויר
שנזכה לחיות אותו
להשתנות.
לימוד התורה הוא מפתח אל הלב
שער למפגש עם הנשמה.

אנו מבקשים שהלימוד לא יישאר כביכול רק ב'קליפת המוח'
אלא ירד גם אל הלב,
יעורר את הרצון.

הפיכת התורות לתפילות
נובעת מן הרצון שהלימוד יתמזג בקשר שלנו עם הקב"ה
המקשיב ללימוד בחבורה, ושורֶה בה.
כאשר אנו מתפללים את התורה שלמדנו
אנו כביכול משיבים אותה חזרה אל ה' שהעניק לנו אותה
ונפגשים עימו מתוך הלימוד.
תנועת הלימוד ותנועת התפילה מתלכדות לריקוד אחד
מתוך כיסופים להפגיש את החיים עם כל שמתעורר בנו.

לאחר הלימוד המשותף, מקדישים זמן לכתיבת תפילות אישיות.
ניתן להתייחס לאחד או יותר מהממדים הבאים:

תפילה על הלב

תפילה שהדברים ייגעו בנו, שנזכה לפתוח את הלב אליהם, להתרגש ולרצות.

למשל: 'עזור לי שייפתח ליבי', 'עזור לי לשמור את התעוררות הרצון שאני מרגישה כעת'.

תפילה על המעשה

תפילה על ההמשכה של הלימוד אל החיים. שנזכה לקיים ולעשות, שהדברים ישפיעו וישנו את חיינו.

למשל: 'זכה אותי לחיות את דברי התורה', 'האר עיניי איך לעבור מהלימוד אל המעשה'.

בקשת שותפות

פנייה אל הקב"ה בבקשת עזרה ושותפות בשינוי, מתוך הכרה במגבלות כוחנו. בתפילה זו אנו מחזירים את דברי התורה אל נותנה, מליבנו אליו.

למשל: 'תן לי כוח ליישם את הלימוד הזה בחיי', 'היה עמי בשינוי שאני מבקש לראות'.

לאחר הכתיבה, מי שרוצה מוזמן לשתף את תפילתו בפני החבורה.

להתפלל יחד

אמר רבין בר רב אדא, אמר רבי יצחק:
מנין שהקדוש ברוך הוא מצוי בבית הכנסת
שנאמר: "אלהים נצב בעדת אל".
ומנין לעשרה שמתפללין ששכינה עמהם
שנאמר: "אלהים נצב בעדת אל".

בבלי ברכות ו ע"א

כָּל מַה שֶּׁנִּתּוֹסֵף וְנִתְרַבֶּה נֶפֶשׁ אַחַת לְהַקִּבּוּץ שֶׁל יִשְׂרָאֵל
נִתְרַבֶּה וְנִתְגַּדֵּל מְאֹד בֵּית הַתְּפִלָּה
כִּי עַכְשָׁו, כְּשֶׁנִּתּוֹסֵף עוֹד נֶפֶשׁ אֶחָד לְהַקִּבּוּץ
נַעֲשִׂין צֵרוּפִים אֲחֵרִים חֲדָשִׁים הַרְבֵּה מְאֹד מְאֹד
כִּפְלֵי כִּפְלַיִם כַּמָּה וְכַמָּה פְּעָמִים כַּנַּ"ל.

רבי נחמן מברסלב, ליקוטי מוהר"ן חלק ב ח

גַּם אָמַר רַבֵּנוּ, זִכְרוֹנוֹ לִבְרָכָה:
שֶׁאִי אֶפְשָׁר לְהִתְפַּלֵּל כָּל הַתְּפִלָּה בְּכַוָּנָה כָּרָאוּי
רַק כָּל אֶחָד וְאֶחָד אֵינוֹ מִתְפַּלֵּל כִּי אִם קְצָת מֵהַתְּפִלָּה בְּכַוָּנָה,
כַּנִּרְאֶה בְּחוּשׁ שֶׁאֶחָד אוֹמֵר קְטֹרֶת בְּכַוָּנָה
וְאֶחָד אוֹמֵר פְּסוּקֵי דְּזִמְרָה בְּכַוָּנָה וְכוּ' וְכַיּוֹצֵא בָּזֶה...
שֶׁזֶּה בְּחִינַת מַה דְּאִיתָא בַּתִּקּוּנִים (תִּקּוּן יח):
דְּאִית מָארֵי דְּיָדִין וְאִית מָארֵי דְּרַגְלִין וְכוּ'
זֶה בְּחִינָה הַנַּ"ל, שֶׁכָּל אֶחָד מִתְעוֹרֵר
וְזוֹכֶה לְהִתְפַּלֵּל בְּכַוָּנָה חֵלֶק מֵהַתְּפִלָּה כְּפִי בְּחִינָתוֹ.

רבי נחמן מברסלב, שיחות הר"ן עה

החבורה היא מרחב של ידידות,
של מאור פנים וקרבת לב
של ברכה ונעימות הלימוד
ההקשבה המתעוררת בעולמות העליונים
ל'אז נדברו' שבחבורה
יוצרת מצב שבו המילים הנאמרות בין החברים
מותמרות לתפילה.

החיבור החי בין בני החבורה
המתגבר באמצעות הלימוד המשותף
מעורר אותנו לתפילה שיש בה גם בקשה על האחר
תשומת לב לחסרונו
ורצון להיות צינור לשפע וברכה זה לזה.
התפילה על החבר מבטאת שותפות אמיתית,
בתפילתי עליו אני כביכול לוקח את תפילתו על עצמי
פותח את הלב ומוכן להקל עליו את משאו ולהתפלל עבורו.

לעיתים זו תפילה נסתרת,
המילים הנאמרות בינינו
מוטענות מאליהן במשמעויות נוספות
מתרוממות אל על
אל ה' המקשיב לשיחתנו.
ולעיתים זו תפילה מכוונת
החבורה הופכת לציבור מתפללים
שבו כולנו עומדים יחד נוכח פני ה'.

תפילת החברים היא תפילה מיוחדת
שבה השלם גדול מסך חלקיו
וכל אחד מן החלקים מוסר את שלו:
אנחנו כמו גוף אחד
יש מי שכוחו בידיו
אחר ברגליו
יש מי שבאוזניו
ומי שבעיניו
כל אחד מכוון בחלק אחר
כל אחד פותח שער אחר.
כל אחד מן החבורה
מביא אליה את ניצוץ נשמתו המיוחד
ויחד נוצר צירוף שאין כדוגמתו.

המתפלל על חברו

כל אחד כותב פתק תפילה ובקשה אישית (בשם או באופן אנונימי).

מניחים את הפתקים במרכז החדר.

כל אחד לוקח פתק של חברו.

ב׳שומע תפילה׳ מתפללים על הבקשה שבפתק.

דוגמה לניסוח: ׳הריני מבקש להתפלל עליי פלוני בן פלונית שאזכה בקרוב ממש לפתיחת הלב בתפילותיי, שארגיש שאני מתפלל ממקום כן ואמיתי ואחוש בצורה ברורה את נוכחותי לפני ה׳ ואת נוכחותו בפניי׳.

תפילת החבורה

אחד מבני החבורה מבקש מהחברים שיתפללו עליו.

כולם נעמדים סביבו במעגל, מניחים את הידיים על ראשו, מתפללים עליו או מברכים אותו יחד.

לחם הפנים

קודם שהאדם יסדר תפילתו בבית הכנסת מפרשת העקידה ואילך
צריך שיקבל עליו מצות ואהבת לרעך כמוך
ויכוין לאהוב כל אחד מבני ישראל כנפשו
כי על ידי זה תעלה תפילתו כלולה מכל תפילות ישראל
ותוכל לעלות למעלה ולעשות פרי
ובפרט אהבת החברים העוסקים בתורה ביחד
צריך כל אחד ואחד לכלול עצמו כאלו הוא אבר אחד
מן החברים שלו
ובפרט אם יש להאדם ידיעה והשגה לדעת ולהכיר לחברו
בבחינת הנשמה
ואם יש איזה חבר מהם בצרה
צריכים כולם לשתף עצמם בצערו או מחמת חולי
או מחמת בנים חס ושלום
ויתפללו עליו
וכן בכל תפילותיו וצרכיו ודבריו ישתף את חברו עמו
ומאד הזהירני מורי ז״ל בענין אהבת החברים שלנו של חברתינו.

רבי חיים וויטאל, שער הכוונות, דרושי ברכת השחר

החבורה היא 'חי הנושא את עצמו',
היא ישות בפני עצמה
ועם זאת היא גם סך כל חבריה.
ההתכנסות המשותפת מאפשרת בכל פעם לתת מקום במעגל
לאחד מן החברים
לכוון את הזרקור אליו
ולתת לו מרחב קשוב ומכיל שבו הוא ירול לשתף בחייו
הוא נותן לבני החבורה במתנה את סיפורו
והם מעניקים לו את הקשב העמוק וההד החוזר
כמה חסד וחן יש ביכולת להשמיע ולהישמע.

החיבור בחבורה הינו בקומה שלמה -
היינו יחד בתורה, בעבודה, וכעת העת לגמילות חסדים.
הדובר בכל מפגש הוא גם הפרנס, המביא עימו כיבוד לחבורה
הוא כביכול מארח את החברים מפיתו
ומתוך לחם הפָּנים נגלה ומאיר גם פְּנים הלב.
המקום הניתן לפרנס מעמיק את דיבוק החברים
ואת הקשב ביניהם, את הרעות והקִרבה.

השלבים השונים של המפגש בחבורה
מחזקים ומזינים אלו את אלו
כמו פאותיה של קובייה הונגרית
המשתלבות זו בזו:
הפרנס, עם גילוי הלב שלו וההקשבה אליו
מטעינים את המעגל בתדר אישי
המחלחל גם אל הלימוד,
ההופך למפגש בעל איכויות בין־אישיות.

הכבוד, ואולי אף היראה כלפי המקור הנלמד יחד
מחלחלים גם ליחס אל בני החבורה
שגם בהם יש תורה ללמוד ממנה
ובכל אחד מהם יש עוד עומק מעבר לנגלה.

בכל מפגש של החבורה, אחד החברים משמש כ׳פרנס׳ - מארח ומספר.

זהו מרחב של שיתוף, הקשבה והכלה, המאפשר לכל חבר להביא את סיפורו האישי ולחוות חיבור עמוק עם החבורה.

שיתוף

הפרנס מוזמן לספר לחברים על חייו, ילדותו, משפחתו, צמתים בחייו, התמודדויות שעבר ודברים נוספים היוצאים מהלב.

בחבורות ותיקות שבהן החברים כבר מכירים לעומק ניתן לבחור נושא מסוים לשיתוף בחבורה - תיאור של דרך רוחנית שעבר, שיתוף בדילמה מסוימת, בחלומות וכדומה.

הד חוזר

בסיום השיתוף בני החבורה ישקפו בחזרה רגעים שנגעו בהם, שאלה שרוצים להפנות לפרנס (אפשר להעלות כמה שאלות והפרנס יבחר אחת מהן שעליה יענה), סבב אמירת תודה וכן הלאה.

ניתן גם להקדיש כמה דקות של כתיבה בעקבות השיתוף ולהעניק לפרנס את המילים הכתובות שיישארו עימו.

ברכה אחרונה

[...] וכן לא יפטר אדם מחברו לא מתוך שיחה,
ולא מתוך שחוק, ולא מתוך קלות ראש,
ולא מתוך דברים בטלים,
אלא מתוך דבר הלכה.
שכן מצינו בנביאים הראשונים,
שסיימו דבריהם בדברי שבח ותנחומים.
וכן תנא מרי בר בריה דרב הונא בריה דרבי ירמיה בר אבא:
אל יפטר אדם מחברו אלא מתוך דבר הלכה,
שמתוך כך זוכרהו.

בבלי ברכות לא ע"א

כפי שנכנסנו פנימה אל המעגל מתוך ברכה
אנו יוצאים ממנו בברכה
נפרדים אלו מאלו
לפני היציאה של כל אחד מן החברים בחזרה לחייו
אנו מעמיקים את החיבור בינינו
ומתוך הברכה מתפללים להמשכת הלימוד והמפגש
אל עבר משעולי החיים
נפרדים מתוך דבר הלכה, דיבור מתהלך ומוליך
ומתוך זיכרון עמוק וחי של הרגעים המשותפים שלנו יחד.

אסיף

בסוף המפגש, מתכנסים לרגע של שקט משותף ופרידה.

בוחרים אחת מהדרכים הבאות לסיים את המפגש:

- כל אחד אומר במילה אחת מה היה עבורו המפגש היום, כיצד הוא יוצא ממנו.
- המנחה עובר בקול על סדר היום וכולם מקשיבים ופורשים לנגד עיניהם את מה שהיה במפגש.
- מזמינים מספר משתתפים לפנות לאחד החברים ולומר לו משהו מליבם.
- מסיימים בישיבה משותפת בשקט תוך כדי התבוננות סביב ותשומת לב לחברים.
- שרים יחד ניגון.

מעגלים מתרחבים

הֲרֵינִי מְקַבֵּל עָלַי מִצְוַת עֲשֵׂה שֶׁל וְאָהַבְתָּ לְרֵעֲךָ כָּמוֹךָ,
וַהֲרֵינִי אוֹהֵב כָּל אֶחָד מִבְּנֵי יִשְׂרָאֵל כְּנַפְשִׁי וּמְאוֹדִי,
וַהֲרֵינִי מְזַמֵּן אֶת פִּי לְהִתְפַּלֵּל לִפְנֵי מֶלֶךְ מַלְכֵי הַמְּלָכִים,
הַקָּדוֹשׁ בָּרוּךְ הוּא.

סידור התפילה נוסח ספרד

"ה' מָה רַבּוּ צָרָי, רַבִּים" וְכוּ' (תהילים ג ב):
כִּי כָל אֶחָד לְפִי נִשְׁמָתוֹ וּלְפִי עֲבוֹדָתוֹ, כָּךְ יֵשׁ לוֹ יִסּוּרִים.
יֵשׁ שֶׁיֵּשׁ לוֹ יִסּוּרִים מִבָּנָיו וּמֵאָבִיו וּמִשָּׁכֵן,
וְיֵשׁ שֶׁהוּא בְּמַדְרֵגָה גְּדוֹלָה מִמֶּנּוּ, וְיֵשׁ לוֹ יִסּוּרִים מִשְּׁכֵנִים רְחוֹקִים,
וְיֵשׁ גָּדוֹל מִמֶּנּוּ, וְיֵשׁ לוֹ יִסּוּרִים מִכָּל הָעִיר,
וְיֵשׁ גָּדוֹל מְאֹד, וְיֵשׁ לוֹ יִסּוּרִים מִכָּל הָעוֹלָם.
וְכָל אֶחָד, עַל־יְדֵי הַיִּסּוּרִים נוֹשֵׂא עָלָיו הָאֲנָשִׁים
שֶׁיֵּשׁ לוֹ יִסּוּרִין מֵהֶם,
כִּי כְּשֶׁיֵּשׁ לוֹ יִסּוּרִין מֵהֶם, הוּא נוֹשֵׂא אוֹתָם עָלָיו.
אַךְ אֵיךְ אֶפְשָׁר לַחֹמֶר לִשָּׂא עָלָיו כָּל־כָּךְ אֲנָשִׁים.
אַךְ עַל־יְדֵי הַיִּסּוּרִין נִכְנָע גּוּפוֹ,
כִּי כָּל הַיִּסּוּרִין נִקְרָאִים צָרוֹת, עַל־שֵׁם שֶׁהֵם מְצֵרִין וּמְעִיקִין לְהַגּוּף,
וּכְשֶׁנִּכְנַעַת הַגּוּף עַל־יְדֵי הַצָּרוֹת, עַל־יְדֵי־זֶה מְאִירָה וְנִתְגַּדְּלָה הַנֶּפֶשׁ,
כִּי בְּהִכָּנַע הַחֹמֶר תִּגְדַּל הַצּוּרָה, [...]
וְעַל־כֵּן נִקְרֵאת צָרָה, לְשׁוֹן צוּרָה,
כִּי עַל־יְדֵי הַצָּרָה נִכְנָע הַגּוּף וּמְאִירָה הַצּוּרָה.

נִמְצָא שֶׁעַל־יְדֵי זֶה שֶׁיֵּשׁ לוֹ יִסּוּרִין וְצָרוֹת מְאִירָה הַצּוּרָה, הַיְנוּ הַנֶּפֶשׁ,
וְהַנֶּפֶשׁ אֶפְשָׁר לָהּ לְשֵׂאת עָלֶיהָ כַּמָּה וְכַמָּה אֲנָשִׁים,
וְזֶה: ה׳ מָה רַבּוּ צָרָי - כָּל מַה שֶּׁנִּתְרַבִּין צָרַי,
רַבִּים קָמִים עָלָי - כִּי עַל־יְדֵי זֶה אֲנִי נוֹשֵׂא וּמֵקִים וּמֵרִים רַבִּים לְשָׁרְשָׁם.

רבי נחמן מברסלב, ליקוטי מוהר״ן חלק א קע

פתיחת הלב לחברים,
ההתקשרות לבני החבורה,
היכולת לדבר דיבורי אמת
ולהרגיש את כאביהם ושמחותיהם של חברינו -
כל אלה הם מתנה שאנו מקבלים לחיינו.

ועם המתנה באה גם הזמנה וקריאה:
להמשיך ולהרחיב את מעגלי הלב,
להגדיל את הרדיוס שבו מקיים ה׳אני׳ מגע עם האחר,
ליצור מעגלים נוספים בחיינו
של קהילה, חברות ושייכות.

רבי נחמן מלמד אותנו פרדוקס מופלא:
ככל שאדם חש יותר את ייסורי העולם ופותח אליהם את ליבו,
ככל שהוא מסכים להתקרב לאנשים סביבו
במעגלים הולכים ומתרחבים,
כך הוא מתרכך ומתגמש,
נעשה גדול יותר
מסוגל לשאת עוד ועוד
הצרה מגדילה את הצורה, את הנפש, ההולכת ומאירה.

המעגלים שלי

מציירים על דף שלושה מעגלים, זה בתוך זה. במעגל הפנימי כותבים שמות של אנשים שאנו מרגישים שהם כרגע הקרובים לנו ביותר. במעגל הגדול ממנו כותבים כמה שמות של אנשים הקרובים אלינו ב'קרבה שנייה', במעגל מעט מרוחק יותר. במעגל השלישי, החיצוני, כותבים כמה שמות של אנשים שאנו מרגישים שהם כרגע מעט רחוקים מאיתנו.

מתבוננים במעגלים ובשמות שבהם וחושבים: מה יאפשר לי 'לחצות את הקווים', לקחת חלק גם בחיי האנשים הרשומים במעגל השלישי? כיצד אוכל מעט לפוגג את הגבולות בינינו?

במידת הרצון והאפשר, ניתן גם להפוך את המחשבה למעשה ולפעול פעולה ממשית כלפי אחד מן האנשים שהופיעו במעגל השלישי.

כולנו כאחד

וַיְדַבֵּר מֹשֶׁה וְהַכֹּהֲנִים הַלְוִיִּם אֶל כָּל־יִשְׂרָאֵל לֵאמֹר:
הַסְכֵּת וּשְׁמַע יִשְׂרָאֵל
הַיּוֹם הַזֶּה נִהְיֵיתָ לְעָם לַה׳ אֱלֹהֶיךָ.

דברים כז, ט

כשהאדם משים את לבו ודעתו להתדבק באור האלהי,
המאיר בכנסת ישראל בכללה,
בכל הנשמות ובכל הדורות מראשית ועד אחרית,
מתדבק הוא על ידי זה ממילא באור האלהות
השורה בכללות שעור הקומה של כלל האדם,
[...] וממילא מקשר הוא בזה את דעתו לדבקות באלהות העליונה
שלמעלה מכל ההויה,
ונפשו מתמלאה חיות מלא קדש ותפארת גדלה וגבורה,
ובתוספות כחו מוסיף הוא כח בכללות כנסת ישראל,
מפני שהוא חלק ממנה,
וממילא מוסיף הוא כח בקומת האדם ובכל העולמות.

הראי״ה קוק, אורות ישראל, ג, א

סְגֻלָּה לְהַתְמָדָה, שֶׁיִּזְכֶּה לִהְיוֹת מַתְמִיד בְּלִמּוּדוֹ,
הוּא לְהִזָּהֵר לִבְלִי לְדַבֵּר עַל שׁוּם אִישׁ יִשְׂרְאֵלִי.
כְּמוֹ כְּשֶׁהַכַּלָּה הִיא יָפָה אֲזַי הָאַהֲבָה בִּשְׁלֵמוּת,
אֲבָל כְּשֶׁיֵּשׁ לְהַכַּלָּה אֵיזֶה חִסָּרוֹן וּמוּם,
אֲזַי בְּוַדַּאי אֵין הָאַהֲבָה בִּשְׁלֵמוּת.

כְּמוֹ כֵן הַתּוֹרָה נִקְרֵאת כַּלָּה,
כְּמוֹ שֶׁכָּתוּב (דְּבָרִים לג): "תּוֹרָה צִוָּה לָנוּ מֹשֶׁה מוֹרָשָׁה"
וְדָרְשׁוּ רַבּוֹתֵינוּ ז"ל (בְּרָכוֹת נז. פְּסָחִים מט:):
"אַל תִּקְרֵי מוֹרָשָׁה אֶלָּא מְאוֹרָסָה",
וְכָל אֶחָד מִיִּשְׂרָאֵל יֵשׁ לוֹ אוֹת בַּתּוֹרָה,
כִּי שִׁשִּׁים רִבּוֹא אוֹתִיּוֹת הַתּוֹרָה כְּנֶגֶד שִׁשִּׁים רִבּוֹא נִשְׁמוֹת יִשְׂרָאֵל.
וּכְשֶׁיֵּשׁ חִסָּרוֹן בְּאֶחָד מִיִּשְׂרָאֵל,
נִמְצָא שֶׁיֵּשׁ חִסָּרוֹן בַּתּוֹרָה שֶׁשָּׁם שֹׁרֶשׁ נִשְׁמוֹת יִשְׂרָאֵל כַּנַּ"ל.
וְעַל־כֵּן בְּוַדַּאי אִי אֶפְשָׁר לֶאֱהֹב אֶת הַתּוֹרָה בִּשְׁלֵמוּת.
אֲבָל כְּשֶׁיִּזָּהֵר מִלְּדַבֵּר עַל שׁוּם יִשְׂרָאֵל
וְלִבְלִי לִמְצֹא שׁוּם חִסָּרוֹן בְּשׁוּם יִשְׂרְאֵלִי
נִמְצָא שֶׁאֵין בְּהַתּוֹרָה שׁוּם חִסָּרוֹן וּמוּם
אֲזַי בְּוַדַּאי יֶאֱהַב אֶת הַתּוֹרָה מְאֹד.
וַאֲזַי יַתְמִיד בְּלִמּוּד הַתּוֹרָה מִגֹּדֶל הָאַהֲבָה כַּנַּ"ל.
וְזֶהוּ "תּוֹרַת ה' תְּמִימָה" (תהילים יט ח),
הַיְנוּ כְּשֶׁתּוֹרַת ה' הִיא תְּמִימָה בְּלִי שׁוּם חִסָּרוֹן וּמוּם
דְּהַיְנוּ כְּשֶׁנִּזְהָרִין לִבְלִי לְדַבֵּר וְלִבְלִי לִמְצֹא שׁוּם חִסָּרוֹן
בְּשׁוּם יִשְׂרְאֵלִי שֶׁהוּא אוֹת מֵהַתּוֹרָה,
נִמְצָא שֶׁאָז תּוֹרַת ה' תְּמִימָה בְּלִי שׁוּם חִסָּרוֹן וּמוּם,
אֲזַי הוּא מְשִׁיבַת נָפֶשׁ.
כִּי אָז דַּיְקָא זוֹכִין לְאַהֲבַת הַתּוֹרָה
וּמַרְגִּישִׁין טַעַם מְתִיקוּת הַתּוֹרָה שֶׁמְּשִׁיבָה אֶת הַנֶּפֶשׁ
מֵאַחַר שֶׁאֵין בָּהּ שׁוּם חִסָּרוֹן כַּנַּ"ל.
וְאָז זוֹכִין לְהַתְמָדָה כַּנַּ"ל.

רבי נחמן מברסלב, שיחות הר"ן צא

כל אחד מאיתנו הוא תמיד חֵלֶק, תמיד שייך
לאילן משפחתי שענפיו מתרחבים,
לנהר זורם שאנו יובל מיובליו,
לפאזל רב חלקים שאנו פיסה מתוכו.
איננו מרחפים בחלל, נפרדים, בודדים
כל נשמה מנשמות ישראל היא חלק מישות אחת
הגדולה מסך חלקיה.

השייכות מזמינה לתנועה כפולה:
מבט בעין טובה ואוהבת על כל אחד ואחת מן הפרטים,
"לְהִזָּהֵר לִבְלִי לְדַבֵּר עַל שׁוּם אִישׁ יִשְׂרְאֵלִי",
יחד עם הסכמה להיבלע, להתכלל, להיות איבר מאיברי הגוף הזה,
כמו אשד מים שכל טיפה מטיפותיו
מקבלת את כוחה מהשצף האדיר,
כמו חלקיק המבין את קיומו מתוך השלם.
כל אות בספר התורה היא כנגד נפש אחת מישראל,
אם תחסר אות אחת - ייפסל הספר כולו
מתוך החיבור איש לרעהו, נשלמת התורה
משיבה את נפשנו.

אות בספר

חושבים על אדם שמכעיס אותנו או מעורר בנו התנגדות, עד כדי כך שהיינו מוכנים לוותר עליו, על קיומו, שאולי היה עדיף בלעדיו.

כעת מתבוננים בכך שאילולא האדם ההוא היה קיים, ספר התורה של עם ישראל כביכול היה נפסל.

שואלים: מה משמעות הדבר עבורי? מה זה מאפשר לי לראות כעת באותו אדם?

שער רביעי: אל האחד

התבהרות / סיון הר־שפי

מְחוֹז חֶפְצִי, אַתָּה הוּא
שֶׁאֵינְךָ. לְעוֹלָם לֹא אַגִּיעַ עָדֶיךָ
אַךְ נְתִיבֶיךָ אֵלֵךְ,
שֶׁעַל כֵּן אֲכַנְּךָ: אֵל –

מְלַמֶּדֶת מֶרְחַקֶּיךָ הַחַמִּים
בְּעָמְקֵי קְלִפּוֹת נְעוּרִים פֵּרוּרֵי
בְּלוּעֵי עָצְמָתְךָ הַזּוֹהֶרֶת

גַּעְגּוּעַ מֵפִיק צְלִילִים חֲדָשִׁים,
אָקוֹרְדְיוֹן הַמַּדְרֵגוֹת נִפְתָּח בְּיִפְחָה
אֶל הָעֲדִינֻיּוֹת.

מִתְרַחֵק כְּסוֹמֵךְ וּבוֹטֵחַ

מִתְרַחֵק כִּמְזַמֵּן לְגַדֵּל

בְּצַלְמְךָ כִּדְמוּתְךָ מַעֲנִיק לִי
אֶת רְשׁוּת הַיָּחִיד:
מַתְּנַת אַהֲבָה רַבָּה.

(**התבהרות** מתוך הספר מרחוק,
הוצאת הקיבוץ המאוחד 2023)

איה

כְּבוֹדוֹ מָלֵא עוֹלָם
מְשָׁרְתָיו שׁוֹאֲלִים זֶה לָזֶה
אַיֵּה מְקוֹם כְּבוֹדוֹ לְהַעֲרִיצוֹ.

מתוך תפילת 'קדושה'

כִּי זֶה עִקַּר הַתְּשׁוּבָה,
כְּשֶׁאָדָם מְבַקֵּשׁ וּמְחַפֵּשׂ אַחַר כְּבוֹדוֹ יִתְבָּרַךְ,
וְרוֹאֶה בְּעַצְמוֹ שֶׁרָחוֹק מִכְּבוֹדוֹ יִתְבָּרַךְ,
וּמִתְגַּעְגֵּעַ וְשׁוֹאֵל וּמִצְטַעֵר "אַיֵּה" מְקוֹם כְּבוֹדוֹ,
וְזֶהוּ בְּעַצְמוֹ תְּשׁוּבָתוֹ וְתִקּוּנוֹ כַּנַּ"ל, וְהָבֵן הֵיטֵב. [...]
אֲבָל תֵּכֶף כְּשֶׁמְּבַקְּשִׁין אַיֵּה מְקוֹם כְּבוֹדוֹ,
נִמְצָא שֶׁיּוֹדְעִין עַל־כָּל־פָּנִים שֶׁיֵּשׁ אֱלוֹקַּ יִתְבָּרַךְ,
רַק שֶׁהוּא נִסְתָּר וְנֶעְלָם,
וְעַל־כֵּן מְבַקְּשִׁין אַיֵּה מְקוֹם כְּבוֹדוֹ.
וּבָזֶה בְּעַצְמוֹ מְחַיֶּה עַצְמוֹ בִּמְקוֹם נְפִילָתוֹ.

רבי נחמן מברסלב, ליקוטי מוהר"ן חלק ב יב

רִבִּי אֶלְעָזָר פָּתַח: (ישעיהו מ כו)
"שְׂאוּ מָרוֹם עֵינֵיכֶם וּרְאוּ מִי בָרָא אֵלֶּה".
שְׂאוּ מָרוֹם עֵינֵיכֶם, לְאָן אֲתַר?
לַאֲתַר דְּכָל עַיְינִין תָּלְיָאן לֵיהּ.
וּמָאן אִיהוּ? מ"י, הַהוּא דְּאִקְרֵי מִקְצֵה הַשָּׁמַיִם לְעֵילָּא,

דְּכֹלָּא קַיְמָא בִּרְשׁוּתֵיהּ,
וְעַל דְּקַיְמָא לַשְּׁאֵלָה, וְאִיהוּ בְּאֹרַח סָתִים וְלָא אִתְגַּלְיָא, אִקְרֵי מִ״י,
דְּהָא לְעֵילָּא לֵית תַּמָּן שְׁאֵלָה, וְהַאי קְצֵה הַשָּׁמַיִם אִקְרֵי מִ״י.

הקדמת ספר הזוהר ג, ז

ר׳ אלעזר פתח, שאו מרום עיניכם וראו מי ברא אלה.
שאו מרום עיניכם, לאיזה מקום?
למקום שכל העינים תלויות אליו.
ומי הוא? פתח עינים.
ושם תדעו שעתיקא הסתום הזה, שנוהגת בו שאלה, ברא אלה
ומי הוא? הוא הנקרא מ״י, אותו הנקרא מקצה השמים למעלה,
שהכל עומד ברשותו,
ובשביל שנוהגת בו שאלה, והוא בדרך סתום שאינו מגולה,
נקרא מ״י.
כי למעלה ממנו, אין שאלה נוהגת שם. וקצה השמים הזה,
נקרא מ״י.

שם, תרגום הסולם

ראשית חכמה יראת ה׳.
ויראת שמים הוא על ידי שויתי ה׳ לנגדי תמיד [...]
והינו: ברכות שכלן מתחילין בלשון נוכח,
שמיד בהתחלת הברכה צריך להיות השם יתברך נכח עיניו כאלו
עומד עליו ומצוהו.
והסיום לשון נסתר דמיד נעלם
כמו שנאמר: ״על גוזליו ירחף״ ״נוגע ואינו נוגע״ (דברים לב, יא).

רבי צדוק הכהן מלובלין, צדקת הצדיק, אות ב

בבסיסו של המפגש בין הסופי לאין־סופי מונח קושי
הוא תמיד יעורר מתח ולא מנוחה
הסופי מתחיל ונגמר
אבל האין־סופי תמיד מושך אותנו
עוד ועוד
דלת לפנים מדלת
מוליד בנו חיפוש תמידי.

'אַיֵּה' הוא אחד משמותיו של הקב"ה
שם הנעוץ בספירת כתר, ב'אין', מה שלמעלה מטעם ודעת
שם שמהותו שאלה וחיפוש:
אַיֵּה?
ה' הוא אל מסתתר
בשפריר חביון
בשולי הענן
ניבט אלינו מתוך הערפל
הקִרבה אליו מתעוררת דווקא מתוך החיפוש אחריו.

לא לחזור בתשובה אנו נקראים,
לא לשוב והתשובה בידינו
אלא לחזור לשאלה
לחיפוש, לפליאה
לדעת שלא נבין עד תום.

'אַיֵּה' היא שאלת השאלות
בקשה מתמדת
תשוקה למפגש
דרך השאלה אנו קוראים בשמו:

אַיֵּה
אַיֵּה אתה
איפה הינך היום בעולמי?
את פניך ה' אבקש

שאו מרום עיניכם וראו:
מי ברא אלה?
להביט אל השמיים
לפנות למי ששמו הוא גם: 'מי',
ששמו הוא מילת שאלה.

אם נסיר את האותיות '**מי**' מן ה'אלה**ים**'
נוותר עם 'אלה', 'אלה אלהיך ישראל'
נעבוד את עגל הזהב.

המפגש עם האמונה הוא מפגש עם החידה
נפגש אדם בחידה - לא תעזבהו כל ימי חייו.
נפגש בתשובה בלבד - עם השנים החולפות והגדילה,
אולי כבר לא תתאים למידותיו,
תידמה לו ילדותית או לא רלוונטית.

ומי שיכרה את אוזנו
ישמע גם את השאלה המנסרת בחלל
ששואל אותנו האלוהים המבקש את האדם
אַיֶּכָּה?

רמזים

וְכָל יוֹם יֵשׁ בּוֹ מַחֲשָׁבָה דִּבּוּר וּמַעֲשֶׂה,
וְהַקָּדוֹשׁ בָּרוּךְ הוּא מְצַמְצֵם אֱלֹקוּתוֹ מֵאֵין סוֹף עַד אֵין תַּכְלִית.
עַד נְקֻדַּת הַמֶּרְכָּז שֶׁל עוֹלָם הַגַּשְׁמִי שֶׁעוֹמֵד עָלָיו,
וּמַזְמִין לוֹ לְכָל אָדָם מַחֲשָׁבָה דִּבּוּר וּמַעֲשֶׂה,
לְפִי הַיּוֹם וּלְפִי הָאָדָם וּלְפִי הַמָּקוֹם.
וּמַלְבִּישׁ לוֹ בְּזֹאת הַמַּחֲשָׁבָה דִּבּוּר וּמַעֲשֶׂה שֶׁמַּזְמִין לוֹ רְמָזִים
כְּדֵי לְקָרְבוֹ לַעֲבוֹדָתוֹ.
בְּכֵן צָרִיךְ לְהַעֲמִיק מַחֲשַׁבְתּוֹ בָּזֶה, וּלְהַגְדִּיל בִּינָתוֹ,
וּלְהָבִין מַהוּ הָרְמִיזוֹת בִּפְרָטִיּוּת,
שֶׁמְּלֻבָּשׁ בְּזֹאת הַמַּחֲשָׁבָה דִּבּוּר וּמַעֲשֶׂה שֶׁל זֶה הַיּוֹם,
שֶׁהִזְמִין לוֹ הַשֵּׁם יִתְבָּרַךְ.
הֵן מְלָאכָה אוֹ מַשָּׂא וּמַתָּן,
וְכָל מַה שֶּׁמַּזְמִין לוֹ הַשֵּׁם יִתְבָּרַךְ בְּכָל יוֹם,
צָרִיךְ לְהַעֲמִיק וּלְהַגְדִּיל מַחֲשַׁבְתּוֹ בָּזֶה,
כְּדֵי לְהָבִין רְמִיזוֹתָיו שֶׁל הַשֵּׁם יִתְבָּרַךְ.

רבי נחמן מברסלב, ליקוטי מוהר"ן, חלק א נד

נודע היות התורה נקרא תורה על שם הוראת הדרך
וצריך להבין בזה בכל סיפורים מכל תיבה שבתורה
איך ליטול עצה לעבודתינו עבודת השם יתברך
אף שהסודות אין באפשרי להשיג על בוריין
עד ביאת משיח צדקינו במהרה בימינו
כמו שכתוב ומלאה הארץ דעה וגו׳
מכל מקום התורה נדרשת בדרך פרד״ס
וצריך לראות הרמזים שבתורה המרמזין והמורים
דרך לעבודתו יתברך שמו:

רבי מנחם נחום מצ׳רנוביל, מאור עיניים, פרשת וירא י״ב

המציאות מדברת אלינו
בשפת הרמזים,
הרומזת על העדינות של החיים.
רמז אינו סוד כמוס, הוא תנועה, הזמנה לקשב
רגע שמְסַמֵן לי: יש כאן משהו מעבר
כמו התגין על האותיות
מעין שרבוט שרומז שיש כאן הרבה מעבר לאות
יש תנועה

למציאות יש סאבטקסט
יש שכבות
יש רגעים שמזכירים לנו שיש כאן משהו בלתי מוסבר
רגעים שיש בהם איזו קריצה, כמו דרישת שלום
תזכורת מהמציאות
שהיא בעדי
שהכול אחד
שיש דיאלוג בין הדברים
כל החפָצים חפֵצים
כל הדוממים מדוממים שפתיהם אך לִבָּתָם רוחשת.
כל מה שקורה לי - קורא לי.

בתוך המולת היום
מנסה לשמוע את הקול
להאזין לרחשים
לדובב את ההתרחשויות
לפענח את הרמזים
כמו שפת סימנים.

ההקשבה למציאות פותחת פתח
לחוות את העולם כחי, רוחש ונע
אני לא צריך רק לשרוד, לנצח את המציאות
אני יכול להיות יותר לבבי, נינוח
לעבור מעולם תכליתי - להרפתקה
אני סקרן מה יקרה, אילו רמזים אקבל
מלא פליאה עדינה.

ללכת בדרכיו

ללכת בכל דרכיו. אלו דרכי הקב"ה
שנאמר (שמות לד ו) "ה' ה' אל רחום וחנון ארך אפים ורב חסד
ואמת נוצר חסד לאלפים נושא עון ופשע וחטאה ונקה".
ואומר (יואל ג ה) "כל אשר יקרא בשם ה' ימלט".
וכי היאך אפשר לו לאדם לקרא בשמו של הקב"ה?
אלא מה המקום נקרא רחום וחנון -
אף אתה הוי רחום וחנון ועשה מתנת חנם לכל.
מה הקב"ה נקרא צדיק שנאמר (תהלים קמה יז)
"צדיק ה' בכל דרכיו וחסיד בכל מעשיו" - אף אתה הוי צדיק.
הקב"ה נקרא חסיד שנאמר "וחסיד בכל מעשיו" -
אף אתה הוי חסיד.

ספרי, פרשת עקב, יג

ואמר רבי חמא ברבי חנינא: מאי דכתיב: "אחרי ה' אלהיכם
תלכו",
וכי אפשר לו לאדם להלך אחר שכינה?
והלא כבר נאמר "כי ה' אלהיך אש אוכלה הוא"
אלא, להלך אחר מדותיו של הקדוש ברוך הוא:
מה הוא מלביש ערמים, דכתיב:
"ויעש ה' אלהים לאדם ולאשתו כתנות עור וילבשם"
אף אתה הלבש ערמים.

הקדוש ברוך הוא בקר חולים, דכתיב:
"וירא אליו ה' באלני ממרא"
אף אתה בקר חולים.
הקדוש ברוך הוא נחם אבלים, דכתיב:
"ויהי אחרי מות אברהם ויברך אלהים את יצחק בנו"
אף אתה נחם אבלים.

בבלי סוטה יד ע"א

וזה שאמר דוד המלך עליו השלום (תהלים קכא ה)
"ה' צלך על יד ימינך".
היינו שכמו שנטיית הצל של איזה דבר הוא
מכוון רק כפי תנועות אותו הדבר לאן נוטה.
כן בדמיון זה כביכול הוא יתברך שמו מתחבר לנטות העולמות
כפי תנועות ונטיית מעשי האדם למטה.
וכן מפורש במדרש אמר לו הקב"ה למשה
לך אמור להם לישראל כי שמי אהיה אשר אהיה.
מהו אהיה אשר אהיה - כשם שאתה הוה עמי. כך אני הוה עמך.
וכן אמר דוד ה' צלך על יד ימינך. מהו ה' צלך כצלך.
מה צלך אם אתה משחק לו הוא משחק לך.
ואם אתה בוכה הוא בוכה כנגדך.
ואם אתה מראה לו פנים זעומות או מוסברות אף הוא נותן לך כך.
אף הקב"ה ה' צלך כשם שאתה הוה עמו הוא הוה עמך.

רבי חיים מוולוזי'ן, נפש החיים, שער א, ז

הטוב עניינו להיטיב
האלוהות הבוראת עולם
מתקנת עולם
הדבקות יש בה יסוד של חיקוי
תנועה של התמסרות ויציאה מעצמי
האל מלא רחמים ועל כן יש בעולם רחמנות
ואני מזהה אותה גם בעצמי, יש בי רחמים.
מה הוא בעל חוש הומור אף אני בעל חוש הומור
מה הוא אין־סופי גם בי יש נשמה אין־סופית
מה הוא סלחן אף אני סולח.
אני קשוב לגלות את האיכויות האלוהיות האין־סופיות בעולם
ולהידבק בהן
וכך אני זוכה להיות בהתקשרות עם האלוהי.
הפעולה מתוך תודעת חיקוי של דרכי ה׳
ומתוך גילוי שלהן אף בתוכי פנימה
מתגברת על תודעת הנפרדות
ומזמינה לשותפות ויציאה מעצמי
ומשיכת שפע לקיום.

השלך על ה' יהבך

הַשְׁלֵךְ עַל ה' יְהָבְךָ וְהוּא יְכַלְכְּלֶךָ
לֹא יִתֵּן לְעוֹלָם מוֹט לַצַּדִּיק.

תהלים נה, כג

טוֹב מְאֹד לְהַשְׁלִיךְ עַצְמוֹ עַל הַשֵּׁם יִתְבָּרַךְ וְלִסְמֹךְ עָלָיו.
וְדַרְכִּי, כְּשֶׁבָּא הַיּוֹם אֲנִי מוֹסֵר כָּל הַתְּנוּעוֹת שֶׁלִּי וְשֶׁל בָּנַי וְהַתְּלוּיִים
בִּי עַל הַשֵּׁם יִתְבָּרַךְ, שֶׁיִּהְיֶה הַכֹּל כִּרְצוֹנוֹ יִתְבָּרַךְ,
וְזֶה טוֹב מְאֹד.
גַּם אֲזַי אֵין צָרִיךְ לִדְאֹג וְלַחְשֹׁב כְּלָל אִם מִתְנַהֵג כָּרָאוּי אִם לָאו,
מֵאַחַר שֶׁסּוֹמֵךְ עָלָיו יִתְבָּרַךְ.
וְאִם הוּא יִתְבָּרַךְ רוֹצֶה בְּעִנְיָן אַחֵר -
הוּא מְרֻצֶּה לְהִתְנַהֵג בְּעִנְיָן אַחֵר כִּרְצוֹנוֹ יִתְבָּרַךְ.

רבי נחמן מברסלב, שיחות הר"ן ב

וְזֶה כְּלָל גָּדוֹל וְעֵצָה נִפְלָאָה [...] בְּכָל דָּבָר שֶׁהוּא מְסֻפָּק בּוֹ
וְאֵינוֹ יוֹדֵעַ הָאֱמֶת,
יַחְשֹׁב בְּלִבּוֹ שֶׁהוּא רוֹצֶה רַק הָאֱמֶת לַאֲמִתּוֹ
וִיבַקֵּשׁ מֵהַשֵּׁם יִתְבָּרַךְ שֶׁיְּזַכֵּהוּ לִנְקֻדַּת הָאֱמֶת,
וְאַחַר כָּךְ יִמְסֹר כָּל תְּנוּעוֹתָיו לְהַשֵּׁם יִתְבָּרֵךְ,
וְאָז אֵיךְ שֶׁיּוֹלִיכֵהוּ הַשֵּׁם יִתְבָּרַךְ - כָּךְ הוּא הָאֱמֶת.
וַאֲפִלּוּ אִם רוֹאֶה שֶׁעָשָׂה כָּךְ כַּמָּה פְּעָמִים וַעֲדַיִן לֹא זָכָה לְהָאֱמֶת,
וַאֲפִלּוּ אִם לִפְעָמִים נוֹדַע לוֹ אַחַר כָּךְ שֶׁטָּעָה עַצְמוֹ בְּאֵיזֶה דָּבָר,

אַף עַל פִּי כֵן אִם הָיָה כַּוָּנָתוֹ רְצוּיָה בֶּאֱמֶת נֶחְשָׁב הַכֹּל לֶאֱמֶת,
כִּי רַחֲמָנָא לִבָּא בָּעֵי,
וּכְמוֹ שֶׁאָמְרוּ רַבּוֹתֵינוּ זַ"ל: "וּבִלְבַד שֶׁיְּכַוֵּן לִבּוֹ לַשָּׁמַיִם".

רבי נתן מברסלב, ליקוטי הלכות, יורה דעה, סימני בהמה וחיה טהורה ד, כד

לעיתים כאשר אנו נתקלים בספק,
עומדים על פרשת דרכים ואיננו יודעים אנה נפנה
אנו חושבים שאת הספק יש להכריע
שעלינו לחתור לוודאות, לבהירות גמורה
לפתור את השאלה, את ההתחבטויות
הכול נראה כל כך דיכוטומי:
או - או.

הספק משתק
אולם החיים והאמונה מלמדים אחרת:
אפשר להנות מהספק
לקבל את קיומו
לפעול בתוכו ועימו.
כאשר נסכים לוותר על ההכרעה, להרפות
ולתת לקב"ה להתגלות בתוך הספק,
אזי נגלה שהדרך פתאום מתבהרת,
העננים מעט מתפזרים
נגלה שאפשר להמשיך ללכת.

גם כאשר נראה שהדרך היא ללא מוצא
לעיתים נגלה שכאשר הדלת נסגרה בפנינו,
בצידה חלון נפתח.
לא הכול שחור ולבן
תמיד יש דרך שלישית
המתגלה בהיסח הדעת
כמו המשיח, כמו הגאולה.

כאשר נראה לאדם שהוא הגיע לנקודה של חוסר מוצא
שאינו יודע לאן לפנות בתחנה שאליה הגיעו חייו
ברגע הזה אפשר להרים את העיניים לשמיים
הייפלא מה' דבר?
לפנות בתפילה
שיש בה ויתור על הידיעה מה נכון וכיצד לנהוג
בתחושה שכל האפשרויות האנושיות מוצו
תפילה שיאיר ה' עיניי
יפקח אותן
לראות את הדרך שעד כה נסתרה ממני
שמתוך המקום הצר, חסר האונים - ירחיב ה' לי
יתגלה מרחב האפשרויות המשתרע לפניי.
האפשרות השלישית מגלה שאני בעצם לא אבוד
אני חופשי, משוחרר.
אני מגלה שבעצם הוליכו אותי עד היום
אני מושגח
ואהוב.

"השלך על ה' יהבך" אינה תנועה של בטלנות, הזנחה או ייאוש
חלילה
אלא של שותפות, של אמון ודיאלוג
אני עושה את המקסימום מצדי
ואני בטוח שגם הוא עושה
לא רק אני יודע איך ומה צריך להיות
אני עושה את חלקי
ויחד עם זאת אני קשוב למה שקורה במציאות
חי בתחושה של השגחה.

לא ימוש

רִבִּי פִּינְחָס בְּשֵׁם רִבִּי שִׁמְעוֹן בֶּן לָקִישׁ:
הַתּוֹרָה שֶׁנָּתַן לוֹ הַקָּדוֹשׁ בָּרוּךְ הוּא לְמֹשֶׁה
נְתָנָהּ לוֹ אֵשׁ לְבָנָה חֲרוּתָה בְּאֵשׁ שְׁחוֹרָה.
הִיא אֵשׁ מְבֻלֶּלֶת בְּאֵשׁ חֲצוּבָה מֵאֵשׁ וּנְתוּנָה מֵאֵשׁ.
הָדָא הוּא דִכְתִיב (דברים לג ב) "מִימִינוֹ אֵשׁ דָּת לָמוֹ".

ירושלמי שקלים ו, א

אֵין אָדָם שַׁלִּיט בָּרוּחַ לִכְלוֹא אֶת־הָרוּחַ.

קהלת ח, ח

"לֹא יָמוּשׁ סֵפֶר הַתּוֹרָה הַזֶּה מִפִּיךָ" (יהושע א ח)
כִּי הַתּוֹרָה הִיא רוּחָנִיּוּת
וַאֲשֶׁר זַךְ וְיָשָׁר פָּעֳלוֹ וְשִׂכְלוֹ רוּחָנִי
יָכוֹל לִתְפֹּס כָּל הַתּוֹרָה כֻּלָּהּ וְלֹא יִשְׁכַּח דָּבָר
כִּי דָּבָר רוּחָנִי אֵינוֹ תּוֹפֵס מָקוֹם
וִיכוֹלָה הַתּוֹרָה לְהִתְפַּשֵּׁט וְלִשְׁכֹּן בְּשִׂכְלוֹ
אַךְ מִי שֶׁהוּא מְגַשֵּׁם דִּבְרֵי הַתּוֹרָה וְעוֹשֶׂה מִמֶּנָּה מַמָּשׁוּת
אֲזַי יֵשׁ לָהּ שִׁעוּר וְקִצְבָּה כַּמָּה הוּא יָכוֹל לִתְפֹּס בְּשִׂכְלוֹ וְלֹא יוֹתֵר
וְאִם יִרְצֶה לְהַשִּׂיג יוֹתֵר, אֲזַי יִדָּחֶה מַה שֶּׁכְּבָר נִכְנַס בְּשִׂכְלוֹ
כְּדֶרֶךְ כָּל דָּבָר גַּשְׁמִי
אִם הוּא כְּבָר מָלֵא, אִם יְמַלְּאֶנּוּ יוֹתֵר, יִדָּחֶה מַה שֶּׁהָיָה בּוֹ כְּבָר
וְזֶהוּ: "לֹא יָמוּשׁ סֵפֶר הַתּוֹרָה": "וְיָמֵשׁ חֹשֶׁךְ"
כְּלוֹמַר הִזָּהֵר שֶׁלֹּא תִּהְיֶה מַמָּשׁוּת וְגַשְׁמִיּוּת בְּדִבְרֵי הַתּוֹרָה.

רבי נחמן מברסלב, ליקוטי מוהר"ן חלק א קי

דַּע שֶׁיֵּשׁ חַדְרֵי תּוֹרָה
וּמִי שֶׁזּוֹכֶה לָהֶם
כְּשֶׁמַּתְחִיל לְחַדֵּשׁ בַּתּוֹרָה, הוּא נִכְנָס בְּהַחֲדָרִים
וְנִכְנָס מֵחֶדֶר לְחֶדֶר וּמֵחֶדֶר לְחֶדֶר
כִּי בְּכָל חֶדֶר וָחֶדֶר יֵשׁ כַּמָּה וְכַמָּה פְּתָחִים לַחֲדָרִים אֲחֵרִים
וְכֵן מֵאוֹתָן הַחֲדָרִים לַחֲדָרִים אֲחֵרִים
וְהוּא נִכְנָס וּמְטַיֵּל בְּכֻלָּם, וּמְלַקֵּט מִשָּׁם אוֹצָרוֹת וּסְגֻלּוֹת יְקָרוֹת
וַחֲמוּדוֹת מְאֹד אַשְׁרֵי חֶלְקוֹ
אֲבָל דַּע, שֶׁצָּרִיךְ לִזָּהֵר מְאֹד, לְבַל יִטְעֶה בְּעַצְמוֹ,
כִּי לֹא בִּמְהֵרָה זוֹכִין לָזֶה
כִּי יֵשׁ כַּמָּה וְכַמָּה חִדּוּשִׁין שֶׁאֵינָם בָּאִים מִשָּׁם
רַק מֵהֵיכְלֵי הַתְּמוּרוֹת
כִּי יֵשׁ מִי שֶׁנִּדְמֶה לוֹ שֶׁנִּכְנָס לִפְנִים, וְלִפְנַי וְלִפְנִים
וַעֲדַיִן עוֹמֵד בַּחוּץ לְגַמְרֵי, כִּי לֹא הִתְחִיל לְהַשִּׂיג הַשָּׂגָה שֶׁל אֱמֶת.
וְהַצַּדִּיק הַגָּדוֹל מְאֹד
אַף כְּשֶׁזּוֹכֶה לְהַשִּׂיג הַשָּׂגוֹת גְּדוֹלוֹת שֶׁל הַקְּדֻשָּׁה בֶּאֱמֶת
אַף עַל פִּי כֵן אֵינָם נֶחֱשָׁבִים בְּעֵינָיו לִכְלוּם
לְגֹדֶל עֹצֶם הַכָּרָתוֹ אֶת גְּדֻלּוֹת הַבּוֹרֵא יִתְבָּרַךְ
עַל כֵּן הוּא מִשְׁתַּדֵּל וּמִתְחַזֵּק בְּכָל פַּעַם
שֶׁיַּתְחִיל הַשֵּׁם יִתְבָּרַךְ לְהַרְאוֹת לוֹ אוֹר הַתּוֹרָה
כְּאִלּוּ לֹא הִתְחִיל לְהַשִּׂיג כְּלָל מִיָּמָיו.

רבי נחמן מברסלב, ליקוטי מוהר"ן חלק א רמה

כל עניינו של ה'אחד' הוא שלא ניתן לתפוס אותו
הוא אינו משהו, אינו מישהו
לא ניתן לומר עליו דבר, או להכניס אותו לקופסא
אלא להיות איתו
לבקש את קרבתו
מתוך יחס פנימי, ללא מבט חיצוני.

ובדומה לאחד, גם תורתו אחת היא
ועל כן, בלימודנו בה
לא ננסה לאחוז,
למלא את החלל,
להרגיע את הרעב
לספק את החשק.
לא להתפתות להפוך את הרוח לחומר
אלא לתת מקום לאין־סופיות הגעגועים.

נאפשר לרוח להיוותר רוח
לא נהפוך אותה לממשות
לא ננסה למשש פניה בידינו,
לתור אחר התמונה,
לקַבֵּעַ בפסל.

נשאל:
מהי טעמא?
נבקש אחר הטעם, אחר הנקודה הפנימית
נטעם את האותיות, מתוקות מדבש
נאזין לטעמים, למנגינה העולה מן הספר
בינות לאותיות, לאש השחורה
בוערת חרישית האש הלבנה.

מבשרי אחזה אלוה

וּמִבְּשָׂרִי אֶחֱזֶה אֱלוֹהַּ.

איוב יט, כו

כִּי צְרִיכִין לְרַחֵם מְאֹד עַל הַגּוּף, לִרְאוֹת לְזַכְּכוֹ,
כְּדֵי שֶׁיּוּכַל לְהוֹדִיעַ לוֹ מִכָּל הַהֶאָרוֹת וְהַהַשָּׂגוֹת שֶׁהַנְּשָׁמָה מַשֶּׂגֶת.
כִּי הַנְּשָׁמָה שֶׁל כָּל אָדָם הִיא רוֹאָה וּמַשֶּׂגֶת תָּמִיד
דְּבָרִים עֶלְיוֹנִים מְאֹד,
אֲבָל הַגּוּף אֵינוֹ יוֹדֵעַ מֵהֶם,
עַל כֵּן צָרִיךְ כָּל אָדָם לְרַחֵם מְאֹד עַל בְּשַׂר הַגּוּף,
לִרְאוֹת לְזַכֵּךְ הַגּוּף,
עַד שֶׁתּוּכַל הַנְּשָׁמָה לְהוֹדִיעַ לוֹ
מִכָּל מַה שֶּׁהִיא רוֹאָה וּמַשֶּׂגֶת תָּמִיד כַּנַּ"ל.
וּכְשֶׁהַגּוּף הוּא בִּבְחִינָה זוֹ, הִיא טוֹבָה לְהַנְּשָׁמָה,
שֶׁלִּפְעָמִים נוֹפֶלֶת מִמַּדְרֵגָתָהּ.
וּכְשֶׁהַגּוּף צַח וָאוֹר,
תּוּכַל הַנְּשָׁמָה לְהִתְרוֹמֵם וְלַחֲזֹר לְמַדְרֵגָתָהּ עַל־יְדֵי הַגּוּף,
הַיְנוּ, עַל־יְדֵי תַּעֲנוּגֵי הַגּוּף תּוּכַל לִזְכֹּר וְלַעֲלוֹת לַתַּעֲנוּגִים שֶׁלָּהּ,
כִּי מֵאַחַר שֶׁהַגּוּף גַּם כֵּן טוֹב וְכָשֵׁר, אֵינוֹ נִלְכָּד בְּהַתַּעֲנוּגִים,
וְעַל כֵּן תּוּכַל הַנְּשָׁמָה לַחֲזֹר עַל־יְדֵי תַּעֲנוּגֵי הַגּוּף לְמַעֲלָתָהּ,
לַתַּעֲנוּגִים שֶׁלָּהּ.

וְכֵן גַּם כֵּן עַל־יְדֵי הָרְשִׁימוֹת שֶׁיֵּשׁ בְּהַגּוּף,
עַל־יְדֵי הָאָרוֹת שֶׁהֵאִירָה בּוֹ הַנְּשָׁמָה מִקֹּדֶם,
תּוּכַל עַתָּה לִזְכֹּר וְלַעֲלוֹת וְלַחֲזֹר לְמַדְרֵגָתָהּ.
וְזֶה בְּחִינַת (איוב יט כו): "מִבְּשָׂרִי אֶחֱזֶה אֱלוֹהַּ" - מִבְּשָׂרִי דַּיְקָא,
הַיְנוּ עַל־יְדֵי בְּשַׂר הַגּוּף יֶחֱזֶה אֱלוֹהַּ, הַיְנוּ הַשָּׂגוֹת אֱלֹקוּת,
הַיְנוּ, שֶׁהָאָדָם בְּגוּפוֹ יִרְאֶה וְיֶחֱזֶה הַשָּׂגוֹת עֶלְיוֹנוֹת
שֶׁהַנְּשָׁמָה מַשֶּׂגֶת תָּמִיד כַּנַּ"ל.

רבי נחמן מברסלב, ליקוטי מוהר"ן חלק א כב

כאשר אדם חולה
הוא חש בראשו, חש ברגליו, חש בידיו
הגוף פתאום מתפרק ומתפרד לאיבריו השונים.
הבריאות קשורה בתחושה של הגוף כשלם, אחד
בפשטות החיים ישנה קלילות ומלאות
הדברים אינם נפרדים
יש בכך איזה עונג, שמחה פשוטה.
התענוג קשור בהרמוניה,
בהיות "אחד עִם..."
אנו מונחים בתוך הדברים
כמו בריקוד,
בנגינה
בנשימה מכוונת
או במלאכות עתיקות
כאריגה וקליעה.

הנוכחות בגוף
מזמינה שעשוע,
התמוססות פנימה
הגוף הופך אחד עם הפעולה
וממילא היא כמו נובעת מאליה.
מבשרי אחזה אלוה
בפלא האחד מתגלה פתאום האלוהים
מבשר הגוף באחדותו, בפשטותו, מתנוצצת השכינה.

לנוכח השכינה

וזה שכתוב (בראשית כה כא) "ויעתר יצחק לה' לנוכח אשתו" -
אל השכינה שהיא נוכח אשתו
"כי עקרה היא" רוצה לומר עיקר תפלה היא על השכינה
ששם ימולא החסרון
ואז ממילא נענה הוא גם כן
וזה שכתוב "ויעתר לו ה' ותהר רבקה אשתו" בגשמי גם כן.

רבי יעקב יוסף מפולנאה, תולדות יעקב יוסף, פקודי מט

"ותחסרהו מעט מאלוקים, וכבוד והדר תעטרהו" (תהילים ח ו).
הנה ידוע, כי כל מה שחסר לאדם, הן ברוחני והן בגשמי,
החסרון הוא בהשכינה, שהוא בחינת אלוקים.
וזהו: ותחסרהו - בודאי - מעט מאלוקים;
היינו החסרון בודאי מאלוקים, היינו בהשכינה.
אך כשידע זאת, שהחסרון הוא למעלה ולמטה,
בוודאי יהיה לו צער גדול ועצבות,
ולא יוכל לעבוד השם יתברך בשמחה,
לכך צריך להשיב לעצמו: מה אני ומה חיי;
כי המלך בעצמו מספר לי החסרון שלו,
וכי יש כבוד גדול מזה?
מתוך כך בא לשמחה גדולה, ונתחדשו המוחין שלו.
וזהו: וכבוד והדר תעטרהו - היינו על ידי כבוד והדר שיש לו,
שהמלך בעצמו מספר לו החסרון,
תעטרהו במוחין חדשים.

רבי נחמן מברסלב, ליקוטי מוהר"ן חלק א פט

מפני שהכול אחד
הכול קשור ואחוז,
על כן האישי והכללי
משתקפים זה בזה
כמו צל
כמו חדר מראות.
השכינה שוכנת
כולנו רקמה אנושית אחת.
כאשר אדם סובל
הוא הופך רגיש לסבל של העולם
הלב מתרכך ונפתח.
הכאבים, המצוקות שאנו חווים בחיינו
הם ביטוי לכאב כללי ורחב יותר מאיתנו
המלך בעצמו מספר לנו את הצרות שלו
כמה קרבה יש בכך, כמה נחמה.

ההבנה שאנו מחוברים
שיש יחסי גומלין בכל רובדי הקיום וההוויה
יכולה להביא מזור ומרפא
ואפילו שמחה.
מתוך הלב הנשבר
מתוך כאבי הגוף והנפש
זכינו לקרבה
היינו לאחד.

שימו לב אל הנשמה

אֱלֹהַי נְשָׁמָה שֶׁנָּתַתָּ בִּי טְהוֹרָה הִיא.
אַתָּה בְרָאתָהּ, אַתָּה יְצַרְתָּהּ, אַתָּה נְפַחְתָּהּ בִּי,
וְאַתָּה מְשַׁמְּרָהּ בְּקִרְבִּי,
וְאַתָּה עָתִיד לִטְּלָהּ מִמֶּנִּי וּלְהַחֲזִירָהּ בִּי לֶעָתִיד לָבוֹא.
כָּל זְמַן שֶׁהַנְּשָׁמָה בְּקִרְבִּי
מוֹדֶה אֲנִי לְפָנֶיךָ ה׳ אֱלֹהַי וֵאלֹהֵי אֲבוֹתַי
רִבּוֹן כָּל הַמַּעֲשִׂים אֲדוֹן כָּל הַנְּשָׁמוֹת.

מתוך תפילת שחרית

שִׂימוּ לֵב אֶל הַנְּשָׁמָה לְשֵׁם שְׁבוֹ וְאַחְלָמָה
וְאוֹרָהּ כְּאוֹר הַחַמָּה שִׁבְעָתַיִם כְּאוֹר בֹּקֶר.

רבי שמעיה קוסון

הנשמה לוחשת לי כל העת
כמו קרן אור
תנועה ראשונית הנושאת אותי על כפיים
מובילה, מסמנת דרך
ואנו נקראים לכרות אוזנינו
להקשיב לאותה לחישה.

הגרעין הנשמתי שלי מכיל ידע קדום,
הוא נמצא מעל ראשי, כמו כתר בלתי נראה
והחכם - עיניו בראשו
הוא מביט מעלה
מנסה להקשיב, לבקש עצה מהנשמה
שהיא חלק אלוה ממעל.
שימו לב אל הנשמה
הקשיבו ללחישתה
בקשו את עצתה:
שתסמן דרך, תזכיר את הייעוד
תוליך אותי לאוצרותיי האבודים.

נֵר ה' נִשְׁמַת אָדָם.
שלהבת הנר רועדת, מזכירה לנו געגועים עתיקים
כיסופים לאינסוף
אור בגימטריה רז
כמו אור הנר המזכיר לנו את סודה של הנשמה
את מקור החיים הנסתר מעינינו
אך פועם בתוכנו כל העת
מזמין אותנו לפתוח שער
לתת לאור להאיר בנו.

הכול אחד

שְׁמַע יִשְׂרָאֵל ה׳ אֱלֹהֵינוּ ה׳ אֶחָד.

דברים ו, ד

אמר להם הקב״ה לישראל:
אתם עשיתוני חטיבה אחת בעולם ואני אעשה אתכם חטיבה אחת בעולם
אתם עשיתוני חטיבה אחת בעולם שנאמר (דברים ו ד) ״שמע ישראל ה׳ אלוהינו ה׳ אחד״
ואני אעשה אתכם חטיבה אחת בעולם שנאמר ״ומי כעמך ישראל גוי אחד בארץ״.

בבלי ברכות ו, ע״א

יש בעולם סנכרון מַתמיד
הכול אחד
אין עוד מלבדו
מתוך החלקיות והנפרדות שלנו
לא תמיד אנו רואים את התמונה הכוללת
לא תמיד מבינים את הסיפור שלנו, לאיזה עולם נפלנו?
נאחזים באמונה שעולם טוב הוא בוודאי.

כאשר אנו מצליחים לכוון ולהאריך ב'אחד' של קריאת שמע
יש לרגע התנוצצות, התבהרות
שהכול אחד.
אנו יודעים זאת בכל מאודנו,
לא כידע תוכני אלא כחוויה קיומית
הבזק של תודעה אחדותית
רגע שבו אנו מגיעים ללב הדברים וסודם
ונזכרים באמיתת האמיתות
שהכול אחד
השמש, הירח והכוכבים
החי, הצומח והדומם
כל הברואים כולם,
להקת הציפורים החולפת
הנחל הזורם אל הים
הפירות הנושרים מן העץ לאדמה
מעגל הרוקדים
כולם
אחד.

כמו שהדנ"א של האדם מתגלה בכל חלק ממנו:
בכל שערה, בכל ציפורן ותא
כך גם הדנ"א של העולם מתגלה בכל פיסה ממנו
שהוא דנ"א אחדותי
ומי שפוקח את עיניו ומביט בעולם מתוך הפרספקטיבה הזו
ימצא את האחד בַּכול.

דבקות

כִּי אִם שָׁמֹר תִּשְׁמְרוּן אֶת כָּל הַמִּצְוָה הַזֹּאת
אֲשֶׁר אָנֹכִי מְצַוֶּה אֶתְכֶם לַעֲשֹׂתָהּ
לְאַהֲבָה אֶת ה׳ אֱלֹהֵיכֶם
לָלֶכֶת בְּכָל דְּרָכָיו
וּלְדָבְקָה בוֹ.

דברים יא, כב

כִּי הָיִיתָ עֶזְרָתָה לִּי וּבְצֵל כְּנָפֶיךָ אֲרַנֵּן
דָּבְקָה נַפְשִׁי אַחֲרֶיךָ בִּי תָּמְכָה יְמִינֶךָ.

תהילים סג, ח-ט

מים תחתונים אינון בוכין ואמרין: אנן בעינן למהוי קדם מלכא.

תיקוני זוהר תיקון ה, יט, ב

מים התחתונים בוכים ואומרים: אנו רוצים להיות לפני המלך.

שם, תרגום הסולם

עַל-יְדֵי הַדְּבֵקוּת שֶׁל אָדָם בָּאֵין סוֹף,
בְּרָצוֹא וָשׁוֹב כְּדֵי שֶׁלֹּא יִתְבַּטֵּל לְגַמְרֵי כַּנַּ״ל,
אֲזַי אַחַר כָּךְ כְּשֶׁהוּא בִּבְחִינַת וָשׁוֹב, שֶׁשָּׁב לְדַעְתּוֹ לְיֵשׁוּתוֹ,
אֲזַי נִשְׁאָר בּוֹ רְשִׁימוּ מֵאוֹר הַנִּפְלָא שֶׁל הַדְּבֵקוּת הַזֹּאת.
וַאֲזַי הָרְשִׁימוּ מַרְאֶה לָדַעַת אַחְדוּת הָאֵין סוֹף וְטוּבוֹ,
שֶׁיֵּדַע שֶׁכֻּלּוֹ טוֹב וְכֻלּוֹ אֶחָד,
שֶׁזֹּאת הַבְּחִינָה הִיא מֵעֵין עוֹלָם הַבָּא.

רבי נחמן מברסלב, ליקוטי עצות, השגת והתנוצצות אלוקות

בעולם יש זרימת חיים שוקקת
לשד החיים, שקיא דאילנא
זורם כל העת בתוך עץ החיים
ואנו מוזמנים לזרום עימו.

כמו חללית הממריאה לחלל
בכוח מנועיה רבי העוצמה
ובהמשך דרכה משתחררת מהם
וממשיכה בחופשיות במסלולה,
כך האדם יכול לחוש ברגע מסוים
שהוא משתחרר ממנועי הצמיחה הרגילים -
ההישגיות, הרדיפה, התאוות, היצרים
ומשתלב במנוע הצמיחה הכולל של העולם,
שהוא הדבקות,
האחד.
זו תנועה של השתלבות בזרימת החיים של העולם
כניסה פנימה אל נהר החיים הגועש, הקיים כל העת,
במוכנות להתמסר לאינסוף, להילקח על ידי האחד.

עם בריאת העולם נפרדו השמיים מהארץ
הים מהיבשה
ונותרו מלאי געגוע וכמיהה
לחזור לשורשם
להיות אחד.
ההתקשרות העמוקה בין 'אני' ל'אתה',
בין שנינו, כולנו,
ממוססת את הנפרדות, את הצמצום
הכול שב אל מקורו
אל מקור החיים המחיה את הכול.